JN261269

英語とはどんな言語か
より深く英語を知るために

開拓社
言語・文化選書
43

英語とは
どんな言語か

より深く英語を知るために

安井 稔 著

開拓社

はしがき

　本書は英会話上達法の本ではない。むしろ，英語という言語がどれくらい，やっかいな言語であるかということを思いつくままに並べてみたという本である。もちろん，本書によって英会話能力が上達し，一段高いレベルに達しえたということがあるとしたら，それはそれでありがたく，望外のよろこびである。

　「英語さえできれば，すべてがうまくゆく」と考えるのは，まず，大きな間違いである。イギリス，カナダ，オーストラリア，インド，フィリピンなどの政治，経済，外交，産業などがどのような状態にあるか，考えてみるだけで明らかであろう。しかも，その「英語さえできれば」が，そもそもうまくゆかないでいる。「国を挙げての英会話力獲得」という大合唱にもかかわらずである。しかも，これは今に始まったことではない。昭和の初め以降に限ってみても，英会話力獲得という100年の歴史は失敗の歴史であったと言わざるをえないであろう。

　その原因はどこにあると言えばよいのであろうか。間違いのない答えが一つある。学習者が覚えるべきことをきちんと覚えることをしなかったからである。これはあまりにも当たり前のことである。疑念の余地はない。これから先も変わることはない。どれだけ学習環境を整えても，この点が克服されなければ，失敗の歴史は繰り返されるだけということになるであろう。

　事態がこのような状態にあることの根底には，世間一般が英語という言語に対して抱いているばくぜんとした誤解があるように

思われる。それは一言でいうなら，英語という言語を「やさしいほうへ思い誤っている」という誤解である。つまり，本当はむずかしい言語であるにもかかわらず，英語を「くみしやすくやさしい言語」と思い誤っているのである。証拠は山ほどある。いちいち，証拠を上げるまでもないであろう。「英語だ，英会話だ，小学校からだ」と大騒ぎしても，その実は上がっていないのではないかと反問するだけでこと足りよう。

　他方，英語が極めて身近な存在であるということもまぎれのない事実である。英語のきれっぱしが日本語の中にまぎれ込んだり，片仮名語が氾濫したり，テレビ・ラジオに英語学習の番組があったり，英会話学校も衰えをみせない。新技術を駆使した英会話用機器の発達も目ざましい。それだけに，英会話などできて当たり前，できないほうがどうかしている，という気がする。が，そうは問屋がおろさないのである。

　このようにみてくると，本書の記述はどのページをとってみても，英語という言語には見かけ上のやさしさにもかかわらず，一皮はぐとあちらにもこちらにも落とし穴が隠れているということを示そうとしているものであることになる。

　英語という言語を研究対象としている人々にとっては，先刻ご承知のことばかりと言って差し支えないであろう。が，専門家の常識と一般知識人の常識との間には，かなり大きなギャップがあると思われる。しかもそのギャップを埋めようとする努力はなおざりにされたまま，現在に至っていると思われる。

　そういうギャップを埋めるのに本書が少しでも役立ってくれるなら，英語の力を身につけるという大目標に向かって正しい一歩を踏み出すことができるようになるかもしれない。さらに進ん

で，英語の学習がひととおり済んだ人々，英会話能力が一定の水準に達している人々の場合，本書によって英語の本質に関する理解が少しでも深まるということが期待できるなら，本書執筆の意図は十分に達せられたとしてよい。

なお，本書に収録した論考は，次の 2 章を除けば，すべて書き下ろしである。第 15 章「絶対複数と絶対単数について」は『Web 英語青年』(2013 年 1 月号，研究社)，第 18 章「英語の否定表現」は『英文法辞典』(1955 年，河出書房)に掲載したものに加筆修正を施している。

最後になったが，本書の執筆に際しても秋山怜，田島穆，溝越彰，久保田正人，浮貝千草諸氏の励ましと助力を受けている。特に浮貝千草さんには種をまき，水をやり，花を咲かせるまで，すべての段階でめんどうをみていただいている。実際に本を造り上げる作業に関しては，今回も開拓社出版部の川田賢君の世話になっている。これらすべての方々に心からの感謝を捧げる。卒寿を越え，年を重ねると人の情が身にしみる。

2014 年 1 月

安井　稔

目　次

はしがき　*v*

第1章　英語でくしゃみができますか ……………………… *1*

第2章　英語であいさつができますか ……………………… *5*

第3章　Can you ...? を使ってみましょう ……………… *11*

第4章　Yes-No 疑問文の作り方 ……………………………… *23*

第5章　冠詞と名詞について …………………………………… *29*

第6章　文の構造と意味解釈 …………………………………… *43*

第7章　文の統語構造について ………………………………… *58*

第8章　あいまい性と不明確性について ……………………… *67*

第9章　形容詞について …………………………… 76
　1. 形容詞のもつ相対性について　76
　2. 原級・比較級・最上級について　78
　3. 前位の形容詞と後位の形容詞　79
　4. 後位修飾要素について　81

第10章　英語とはどんな言語か ………………………… 88

第11章　談話標識について ……………………………… 95

第12章　英語の音声とつづり字について …………… 101

第13章　発音記号の約束事について ………………… 109

第14章　変わりゆく英語 ……………………………… 119

第15章　絶対複数と絶対単数について ……………… 124

第16章　未来表現管見 ………………………………… 134
　1. 未来を表す表現について　136
　2. 進行形と be going to　137
　3. 'll の地位向上について　140

第17章　英語における名詞化と日本語における名詞化
　　　　　について ………………………………………… *143*
　1. 名詞化とは何か　*143*
　2. 日本語における抽象概念について　*148*
　3. 史的展望の中における名詞化形について　*153*

第18章　英語の否定表現 ……………………………………… *157*
　1. 否定の意味　*157*
　2. 文否定と特殊否定　*159*
　3. 二重否定　*163*

第19章　よどみなく英語を話すために ……………………… *167*
　1. 入門期の英語をなめらかに　*167*
　2. 単語とクラスターについて　*168*
　3. クラスターと辞書について　*175*

第20章　4技能における格差について ……………………… *184*

第21章　英語学習の臨界期について ………………………… *189*
　1. 英文読解力について　*189*
　2. 英作文に関する力について　*194*
　3. 話す，聴く能力について　*196*
　4. 4技能の比重について　*198*

索　　引 ………………………………………………………… *207*

第1章

英語でくしゃみができますか

　アメリカやイギリスでは，人前でくしゃみ（sneeze）をしてはならないとされている。そんなこと言われたって，くしゃみというものは出かかったらとめられないものである。それとも，英米人は生理的にくしゃみの出ない人種なのであろうか。

　そういうことはない。英米においてもくしゃみは出もの，はれものである。だから，まず，できるだけ出ないように心掛ける。問題は，どうしてもがまんできなくなったときである。が，よくしたもので，これにはおまじないがある。このおまじないを口にすれば，くしゃみの非礼が，いわば，キャンセルされるというものである。ただし，このおまじない，すぐ，誰にでも，できるというものではない。われわれ外国人には，ちょっとした練習が必要である。

　おまじないのことばというのは，この場合，Excuse me!（ごめんなさい）である。発音は [-kjúː] のところだけ，強く，はっきり言えばこと足りる。練習を要する難しい点というのは，間合いである。間が外れていればおまじないの力は消失する。

どうするかというと，Excuse me! をくしゃみのあと，間髪を入れず言うのである。もっと言うなら，くしゃみの後に続けて言うのではなく，むしろ，くしゃみの一部として Excuse me! と言うのである。頭でこれだけ分かっていても実際の場面でいざ実行となると，うまくゆかないものである。たいてい，間が抜けてしまう。そこで練習となる。くしゃみが出そうになってはいないときに，「ハ，ハ，ハクション，Excuse me!」と，数回，演技してみておくのである。

　実際の場面で，これがうまくいったとしてみよう。これは，実にたいへんなことである。それは英語という文化の中へ自分自身の力で，しかも，一般の母語話者と対等の資格で参入したことを意味する。その分だけ，英語の力が身についたのである。英語の一部が自分の身体の一部になったといってもよい。

　このようにして，学習の第一歩を踏み出すなら，英語世界へのとびらを自分自身の力で開いたという実感は，生涯，英語の力を身につける努力を支えてくれるであろう。昭和の初めころ，中学1年の英語は This is a pen. (これは，ペンです) で始まっていた。この文自体が悪いということはない。しかし，この文自体が実生活の中で用いられる確率はゼロに近い。この路線に乗って英語の学習を続けてゆくと，生きた英語，すなわち，具体的な場面で，実際にやり取りされる英語との接点は数年先に至るまで，やってこないであろう。自分の習っている英語が実際の場面で通用するかしらんと不安になることがあっても，不思議はない。要するに，「たたみの上の水練」なのである。英語ということばの大海にいきなり放り込まれたら，間髪を入れぬ対応なしに浮いていることはできなくなるであろう。

ついでながら,「ハ, ハ, ハクション, Excuse me!」と言われたとき, 周りにいた人々はすかさず (God) Bless you!（神の恩寵がありますように／お元気で）と応ずる。これでちっちゃなドラマはめでたく落着となる。

実地応用の前にちょっと練習をしておく必要のあるものの一つに, You are welcome.（どういたしまして）がある。スイングドアなどを開いて押していてあげると, 通りぬけてゆく人から Thank you. と言われる。そのとき, 間髪を入れず, Oh, you are welcome. と応ずるのである。が, 実際にやってみるとうまくゆかない。「間髪を入れず」でなくなっているからである。こちらが You are welcome. と言い終わるころには, 相手の姿が数メートル先にあるといった具合になるからである。You are welcome. をうまく使いこなすためには, 相手が Thank you. と言い終わるか終わらないうちに, つまり, 相手のことばにおっかぶせるようにして You are welcome. を言わなければいけないのである, そっと練習しておく必要を生ずるのである。

似たことは, Oops（おっと）のような間投詞の場合にも当てはまる。ひょいと鉛筆を床に落とした場合, すかさず言うのである。この場合も鉛筆を落としながら Oops! と口に出してみるという妙な練習を必要とするであろう。

【参考】

相手から Thank you. と言われ, Oh, you are welcome. と応ずることが適切でない場合もある。たとえば, Oh, you look nice in your new dress.（新しいお洋服, お似合いですね）と, 相手をほめたような場合である。要するにこちら側が実際に手や足を働かせて相

手に対する行為を示したというような場合にはよいが，ただ口を動かしただけというような，いわば，リップサービスの場合は不可ということである。

第2章

英語であいさつができますか

　あいさつの初めは Good morning.（お早うございます）である。そんなこと，英語を習う前から知っている，と誰しも思う。そこに落とし穴がある。知ってはいても実地の運用となるとうまくゆかない人がざっと8割はいると考えられるからである。

　たとえば，ハワイで，朝，ホテルの廊下を歩いていたとする。向こうから母語話者と思しき人がやってくる。すれ違おうとするとき，心もち，にこっとして Good morning! とか Hello! と言う。このとき，ほとんど同じタイミングで Good morning! とか Hello! と言う日本人を私自身はほとんどみたことがない。たいていの日本人はむすっとしたままである。これは結果的にみれば，あいさつされてもそのあいさつを返さないということになる。礼儀正しいことでとおっている日本人の側における非礼となるのではないか。

　「いや，実際は Good morning! と口まで出かかっていたのだが，出遅れて，声にならなかったのだ」と言われるかもしれない。が，Good morning! と返すことをしなかったという事実は依然

として残るのである。

　それでも Good morning! など英語を習う前から知っていると言うのであろうか。それに反駁する気はもうない。が，実際の場面で用いることのできない英語は死んでいる英語である。

　一般に，あいさつのことばには新しい情報が含まれていない。通常のことばのやり取りにおいては，新しい情報を含んでいないと考えられる発話は口にしてはならないというおきてがある。あいさつことばは，極めて一般性の強いこのおきてに対する例外をなしている。では，あいさつのことばというのは，いったいどのような働きをしているものであろうか。結論的にいうと，あなたと私との間のチャンネルは開かれたままの状態にありますよ，ということを相手に知らせるという働きである。

　昔，学生だった頃，鳥取県の大山に一人で登ったことがあった。山頂付近で見知らぬ人とすれ違いざま，互いに「やあ，こんにちは」と言った。それだけである。が，この「やあ，こんにちは」という短いあいさつがどれだけ心をなごませてくれたか計り知れないものがある。いま思えば「私はあなたに敵意などいだいてはおりません。私とあなたとの間のチャンネルは開かれた状態にあります」ということを端的に示していたあいさつことばであったのである。

　あいさつことばは，出会ったときにも，別れるときにも用いる。出会ったときの音調はなだらかな下降調でよい。別れるときは頭の部分を緩やかな上昇調で言い，末尾の部分は頭の部分の末尾より，少し下がったところから発して上昇調をとる，というのが通例である。たとえば，Good-by(e)! などは，図示すれば次のようになる。

第2章 英語であいさつができますか

Good　　　by(e)

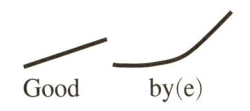

　ちょっと気づきにくいかもしれないが，あいさつのことばには国境がある。たとえば，「さようなら」と Good-by(e)! とは，ともに別れるときのあいさつで，日英の間に差はないように思われるが，「さようなら」は，本来，接続詞で「（そうであるならば）これで失礼します」の意であるのに対し，Good-by(e)! のほうはGod be with ye!（神があなたとともにありますように）という決まり文句である。遍在するキリスト教文化ということを考えないわけにはゆかない。

　そう思ってみると，日本語の「おはようございます」は「お早いお目覚めですね」くらいの意味であるのに対し，英語の Good morning! は I wish you a good morning.（あなたに良い朝がきますように）という祈りの気持ちが込められていると言ってよいであろう。

　こういう場合における祈りは，通例，未来志向である。Merry Christmas and a Happy New Year!（楽しいクリスマスを，そしてよい新年を）なども，その前に I wish you ...（...と願っています）が含意されていると考えてよい。未来志向であるからクリスマスカードはクリスマス以前に届いている必要がある。英語の A Happy New Year! も未来志向であるから年内に配達されている必要がある。

　これに対し，日本語の年賀状は「明けましておめでとうございます」から分かるように，過去志向である。年が明けなければ「おめでとう」を口にすることはできないのである。その代わり，

元日以後なら1週間や10日過ぎでも「新年おめでとうございます」はりっぱに通用する。逆に12月25日以後にクリスマスカードが配達されたり，年内に年賀状が配達されたりするのはご法度とされる。

　英語にはあるが，日本語にはないというあいさつ表現もある。たとえば Thank you anyway. / Thank you all the same. これらの表現は相手の申し出てくれた行為がこちら側の都合で空振りに終わったような場合に用いられる。「車でお送りしましょうか」と言われ，「いえ，自分の車できていますから」と答えるような場合である。「でも，ありがとうよ」とか「でも，お心だけありがたくいただきます」などに当たるが，あいさつとしての熟し度が異なる。この点だけで，日本語と英語とを比べるなら，残念ながら人と人とのつき合い方における文化の度合いとでもいうべき点においては，英語のほうが日本語より上であると言われなければならない。

　個人的にうなるほどの感銘を受けたあいさつことばがもう一つある。Oh, you shouldn't have done that. (あら，そんなことなさってはいけませんわ) というせりふである。家庭でパーティを開いたときなど，そのホステスが玄関に客を迎え，差しだされたチョコレートの包みや花束などを受け取る際の決まり文句であるという。おみやげの品を中にして，ホステスと客とが押しもどすでもなく，受け取るでもない数秒を経て，最後は受け取るに至る間合いを写しえて妙である。この場合，助動詞は should がぴったりで，ほかの助動詞の出番はない。なお，shouldn't に続く完了不定詞 have done は不定詞をほどいて普通の文に戻せば現在完了，過去，過去完了という三つの場合が得られる。問題となっている

第2章　英語であいさつができますか　　9

文の場合，完了不定詞は，文脈上，現在完了に対応する。

「英語め，なかなかやるな」という思いを長年してきたものに Oh, it's my pleasure. がある。相手が感謝の意を表したとき，それに答えることばで，「こちらこそ」とか「どういたしまして」に当たる。少しくだいていえば「いや，楽しい思いをさせていただいたのは，むしろ，こちらですよ」となるが，歯切れのよさで遠く及ばない。my のところに文強勢を置き，下降調をとる。なお，この語には [ʒ] の音が含まれている。この音はそのまま [ʒː] のように長く伸ばすことのできる音である。長く伸ばせない人は [ʒ] の音を間違えている。舌先が上歯の歯茎についているからで，それを外せば直る。

日中，別れ際に Have a nice day! というのも，残念ながら英語の勝ちである。これには You, too!（あなたもね）というすばらしい返しことばがある。Have a nice day! は「今日がよい日でありますように」ということであるが，あいさつとしてのなだらかさに欠ける。くだけた日本語なら「じゃあね」で済ませるのではないか。この点に関する限り，日本語の貧困を突きつけられる気がする。

【参考】

1.「私とあなたとの間のチャンネルは開かれたままの状態にありますよ」ということを合図する言語機能は，専門用語では phatic communion（交感的言語使用）の名で呼ばれる。アメリカでは若い男女や家族の成員間で毎日 20 回くらいは I love you. と言わなければトラブルになりかねないと聞く。そんなことを言って何になるとあきれ，うっとうしく思っていたが，これは交感的言語使用の一種で

はないかと思い及ぶに至った。すると，やや面はゆいところがあるにしてもなかなかよいではないか，と思い直すに至った。なんの知恵も働かない「じゃあね」に優ること数等である。

2. 「おやすみなさい」に当たる英語 Good night. には，付け加えて Sleep tight.（しっかりおやすみ）［特に子ども向け］, Sweet dreams.（楽しい夢を）などが用いられる。この場合，Sleep tight. は命令形ではなく，祈りの一種である。sleep という行為は自己制御が可能（self-controllable）なものではないので命令形は不可能なのである。

第 3 章

Can you ...? を使ってみましょう

　自分の背丈に合った形で，最初に，そして実地に，用いることのできる表現の一つは，おそらく Can you ...?（あなたは ... することができますか）という表現であろう。英語ということばの大海にどこから入ってゆくと一番効率的であるか，という問いに対する答えはない。むしろ，ありえない。

　本当を言うと，始めるのはどこからでもよい。まず，始めてしまうのである。ただ，つまずきやすい道筋というものはある。どのみちいつかは通らなければならないにしても，そういうところはあとにまわせばよい。

　たとえば，This is a pen. から入ってゆくとする。これは be 動詞から入ってゆくということである。ところが，be 動詞というのは英語の動詞の中で最も複雑な変化をする動詞である。主語と直接結びつく定形動詞の場合だけでも am, is, are, was, were の 5 種類がある。人称と単数・複数と時制の区別はあるが，それ以上の意味の違いはない。しかも，日本語にその対応物はない。そういう，いわば，不条理に目をつぶってその語形変化を覚

えたとしてみよう。ところが，その使い道は驚くほど限られているのである。たとえば，I am ....（私は...です）という形を覚えたとしてみよう。自己紹介の場合をのぞいたら，実生活の中でこの形が用いられる場面をいくつ思い浮かべることができるであろうか。二つか三つどまりであろう。Am I ...?（私は...でしょうか）となると，実生活に関する限り，ほとんど絶望的である。Are you ...?（あなたは...ですか）という形を覚えた中学生が女子中学生に向かって，Are you a girl?（あなたは女の子ですか）と質問して物議をかもしたという話も聞いている。外国語学習の過程においてなら非常識も許されるというような決まりはない。したがって，入門期に覚える be 動詞の使用には注意が必要である。

　一般動詞から入ってゆく道も思ったほど平坦ではない。まず，主語が3人称単数形で述語動詞が現在形である場合（通例3人称単数現在，さらには3単現と略記される），その動詞には -s 語尾を付けなければならないという規則がある。この -s 語尾にはなんの意味もない。つまり，なんの働きもしていないやっかいものである。いちばん先に英語から抹殺されてしかるべきであるのに，厳然といすわっている。不注意に落とせば，入試では減点の対象となり，一般社会では品性を疑われかねない仕儀となる。

　歴史的にみれば，3人称単数現在形に限らず，すべての人称，時制ごとに屈折接辞がついていた。が，3単現の -s を除き，他の屈折接辞はすべて消失したのであった。英語を学ぶ人々はいまなお，歴史の気まぐれに付き合わされているということである。

　形をみているだけでは分からないが，英語の動詞は，意味上，大きく二つに分かれる。動作を表す動詞と状態を表す動詞とである。このうち，動作を表すほうの動詞は，その現在形で，現在目

の前で行われていることを表すことはできない。理屈に合わないと文句を言ってもはじまらない。それが英語なのである。たとえば「いま，雨が降っています」を *It rains. [*は，非文法的な文であることを示している] と言うことはできない。「いま，手紙を書いています」も *I write a letter now. とすることはできない。これらの場合，It's raining now. とか I'm writing a letter now. のように現在進行形を用いれば問題はなくなる。

　ここで目を can に移すとしよう。まず，be 動詞の am, is, are といった語形変化に煩わされる必要がなくなる。3 単現の -s も忘れていられる。状態を表す動詞と動作を表す動詞の区別に気を取られる必要もない。つまり，can という助動詞の基本的な意味である「...することができる」という部分にだけ意識を集中し，自分の背丈に合った内容の動詞を結びつけるだけでまったく一人前の生きた英語を使うことができることになる。次の (1) からみてゆくことにしよう。

(1) a.　Can you speak English?
　　　　(あなたは英語を話すことができますか)
　　b.　Can you speak Japanese?
　　　　(あなたは日本語が話せますか)

これらの文は必要に応じ，いつでも用いることのできるまっとうな英語である。このことは，Are you a girl? (あなたは女の子ですか) という文法的には正しいが実地に用いれば品性を疑われかねない文と比べるとき，いっそう明らかとなるであろう。

　さらに，(1) の文が Yes-No 疑問文であることにも注意すべきである。Yes-No 疑問文というのは，その答えが Yes か No かの

いずれかで始まることが決まっている疑問文のことを言う。それは，(1a) の場合であれば，(1a) の文の根底にあると考えられる You can speak English. という文の内容をあなたはそのまま肯定しますか，それとも否定しますか，と問うていることになる。そのまま肯定するなら Yes，否定するなら No となる。

これは，一見，なんでもないことのように思われるであろうが，そうではない。身についている英語力が比較的低水準である場合，Yes-No 疑問文は強力な味方として働く。次の (2) をみておくことにしよう。

(2) a.　Do you go shopping on weekends?
　　　　（週末はお買い物ですか）
　　b.　What do you do on weekends?
　　　　（週末には何をなさいますか）

この場合，(2a) は Yes-No 疑問文である。その答えを聞けば少なくとも相手が週末に買い物に行くのか，行かないのかということだけははっきり分かる。これに対し，(2b) のほうは What で始まる wh 疑問文である。wh 疑問文の場合，その答えは限りなく拡散する。答えるほうの人は，気の向くままに，なんでも，勝手に，話を広げてゆく。聞き手がどこまで理解しているかなど，通例，お構いなしである。答えが終了したとき，質問者は，その拡散した答えぶりの中から，的確な答えは何も得られないということは，十分にありうるのである。自分の英語力に多少なりと不安がある場合，選ぶべきは Yes-No 疑問文のほうである。

以下，例証のため，Can you ...? の例を少し挙げておく。

第3章 Can you ...? を使ってみましょう

(3) a. Can you lift this box?
    (この箱，持ち上げられますか)
   b. Can you open the window?
    (窓を開けてくださいますか)
(4) Can you pass me the salt?
   (塩を取っていただけませんか)
(5) Can you tell me the way to the post office?
   (郵便局へ行く道を教えてくださいませんか)
(6) Can you tell me where the nearest toilet is?
   (いちばん近いトイレ，どこでしょうか)

これらの例は，そのまま実生活のただ中で用いることができるものばかりである。英語の勉強を始めて二，三週間もすれば，現場で生きた英語として使いこなすことができるようになるはずである。

【参考】

1. 同じ can でも (3a) の can と (3b) の can との間には少し違いがある。(3a) のほうは，「その箱を持ち上げる能力がありますか？それともありませんか？」という能力の有無を尋ねている。したがって，答えは Yes, I can. か No, I can't. のいずれかとなる（can't は can の否定形 cannot のくだけた形）。

これに反し，(3b) の文は相手にお願いごとをしている依頼文である。「窓を開ける能力の有無」を尋ねているのではない。したがって，Yes, I can. とか No, I can't. と答えるのは筋違いである。この場合，適切な応対は Sure.（いいとも）とか Certainly.（よしきた）とか言いながら窓を開けにゆくことである。

どうして能力を問う形の文が依頼を表す文として用いられるのかというと，その根底には窓を開けるというくらいのことは誰にだってできることであるから，相手がわざわざ「窓を開ける能力がありますか」と聞いてくるわけがないという認識がある。では，何を相手は望んでいるのか。ここで聞き手は推論する。「能力があることは分かっているのに，わざわざ能力の有無を尋ねているのであるから，その能力を用いてできることを相手は望んでいるのではないか」と推論するのである。留意すべきは，この種の議論が応用のきく，かなり一般性の高いものであるという点である。(3b) と同様，(4)，(5)，(6) も依頼文である。

2. 用例の (6) Can you tell me where the nearest toilet is? には where the nearest toilet is という従属疑問節が含まれている。その分だけ，文構造は複雑さを増すが，従属疑問節が使えるようになると Can you ...? の使用範囲は一挙に倍増する。

　従属疑問節は見た目より簡単である。Can you ... で始まる文は，それだけで，すでに疑問文であることが分かるので，その後に続く従属節の中の語順は平叙文（疑問文でないほうの文）と同じでよい。語順の転倒してない where the nearest toilet is の部分はどのようにして作るかというと，まず The nearest toilet is there.（いちばん近いトイレはそこにあります）という文を仮定し，その中の there を where に置き換え，置き換えた where をこの文の文頭へもってゆくのである。すると，where the nearest toilet is という形が得られ，それを Can you tell me のあとへ置けば Can you tell me where the nearest toilet is? が得られるというわけである。

　類例を二，三挙げておくことにしよう。

　　(i)　Can you tell me where the library is?
　　　　（図書館はどこでしょうか）[Where is the library? よりずっ

第3章 Can you ...? を使ってみましょう　　17

となだらかで,ていねいな言い方となる]
- (ii) Can you tell me where the discount shop is?
  (ディスカウントストアはどこでしょうか)
- (iii) Can you tell me when he will leave town?
  (彼が町を離れるのはいつでしょうか)

3. 1人称・2人称代名詞と結びついている be 動詞の構文でよく用いられる,有用な例を以下に述べておくことにする(通例,なかなか思いつかないので)。

I am a second generation Korean living in Japan.
(私は在日韓国人二世です)
I am the eldest of three sisters.
(私は三人姉妹の長女です)
I am a light sleeper. (私はいつも眠りが浅い)
I am a stranger here. (私はここの者ではありません)
I am from California. (私はカリフォルニア出身です)
I am happy. / I am delighted. (嬉しく思います)
I am glad. (よかったです)
I am sad. (悲しいです)
I am nervous. (ドキドキしています)
I am worried. (心配です)
I am sorry. (残念です,ごめんなさい)
I am mad. (頭にきた)
I am scared. (怖いです)
I am ashamed. (お恥ずかしいかぎりです)
I am disappointed. (がっかりしています)
I am impressed. (感心しています)
I am flattered. (お褒めのことば,ありがとう)

I am grateful.（感謝します）
I am starving.（とってもおなかが空いた）
I am thirsty.（喉が渇いた）
I am exhausted.（疲れた）
I am sick of ....（...にはうんざりだ）
I am all right.（大丈夫です）
I am afraid ....（(残念ながら)...ではないかしら）
I am a bit skeptical about ....
（私は...に少々疑いの目を持っている）
I am willing to ....（私は...してもかまいません）
I am hoping to ....（...しようと思っています）
I am used to ....（普段...しなれています）
I am certain.（確信しています）
I am looking forward to ....（...するのを楽しみにしています）

Am I a suspect?（私，疑われているのですか？）
Am I a bad mother?（私は悪い母親でしょうか）
Am I an object of ridicule?（私，物笑いの種かしら）
Am I a nuisance?（私，おじゃまでしょうか）
Am I confusing you?（私の言うこと，しどろもどろですか）
Am I allowed to smoke here?
（ここでタバコ吸ってもかまいませんか）
Am I supposed to ...?（...しなくちゃいけないのかしら）
Am I speaking too quickly?（早口でしゃべりすぎかしら）
Am I being too inquisitive?
（細かすぎるところまでお尋ねしてしまっているのかしら）
Am I asking too much?（要求しすぎでしょうか）
Am I bothering you?（おじゃまでしょうか）
Am I clear?（言いたいこと，お分かりですか）

第3章 Can you ...? を使ってみましょう

Am I correct in assuming that ...?
(...と思ってよろしいでしょうか)
Am I late?（お待たせしましたか）
Am I dreaming?（これは夢でしょうか）
Am I doing this correctly?（正しくできていますか）
Am I making sense?（私の言うこと，筋通っていますか）
Am I interrupting?（お邪魔でしょうか）
Am I missing something?（話がよくみえないのですが）

You're a pleasure to know.（お会いできて光栄です）
You are a wonderful husband.（あなたは素晴らしい夫です）
You're a natural.（素質があるね）
You are an inspiration.（あなたは皆の憧れです）
You are a terrific cook.（君は素晴らしい料理人だね）
You are just in time.（よかった，ちょうど間に合った）
You are quite right.（君の言うとおりだ）
You are too kind.（ご親切に本当にありがとう）
You are not alone.（決して君は一人ぼっちじゃないよ）
You are sweet.（あなたって優しいのね）
You are so helpful.（手伝ってくれて助かるわ）
You are one in a million.（あなたは100万人に一人の逸材です）
You are free to ....（どうぞ自由に...してください）
You are kidding.（冗談でしょ）
You are going to be sorry.（後悔することになりますよ）
You are good to go.（もう行ってもいいですよ）
You are great with children.（子どもの扱いに慣れていますね）
You are holding up the line.
（あなたのせいで後ろがつまってますよ）
You are next.（次は君の番だよ）

You are joking.（冗談だろ）

You are always late.（あなたいつも遅刻してくるのね）

You are looking good.（調子が上がってきたね。なかなかいいね）

You are missing the whole point.（全然分かってないんじゃない）

You are my only hope.（君だけが頼みの綱だ）

You are always welcome.（君ならいつでも歓迎するよ）

You are so mean!（あなたは本当に意地が悪い）

You are so selfish.（どうして自分のことばかり考えるの）

You are so predictable.（君のやりそうなことだ）

You are too eager to please.（人に気に入られようとしすぎだよ）

You are never too old to learn.（人は何歳でも学べる）

You are so gullible.（人の話をなんでも鵜のみにするんだね）

You are not yourself.（あなたは自分を見失っている）

You are totally mistaken if you think ....

(...と考えているのなら大間違いよ)

You are requested to ....（...していただきたい）

You are what you eat.（食は人なり。日々の食事が心身をつくる）

You are what you read.（読書が人格をつくる）

You are what you wear.（人は身なりで判断されがちだ）

Are you an acquaintance of Mr. Y?

(Yさんのお知り合いの方ですか)

Are you a man?（あなたそれでも男なの？）

Are you there?（そこにいるの？／もしもし）

Are you a church-goer?（あなたは教会へ行くほうですか）

Are you blind?（どこ見てるの？）

Are you in a hurry?（急いでいらっしゃいますか）

Are you in trouble?（何かトラブルに巻き込まれていますか）

Are you in a good mood?（ご機嫌いい？）

第3章 Can you ...? を使ってみましょう

Are you in pain?（どこか痛みますか）
Are you crying?（泣いているの？）
Are you okay?（大丈夫かい）
Are you feeling better?（具合よくなってきた？）
Are you all right with this?（これでいいんですか）
Are you ready?（準備はいいですか）
Are you free next Sunday?（次の日曜日，お暇ですか）
Are you certain ...?（...は確かなの？）
Are you from Texas?（テキサスのご出身ですか）
Are you kidding?（まさか，冗談でしょ）
Are you coming?（一緒に来る？）
Are you serious?（本気か？）
Are you making fun of me?（私のこと，からかっているの？）
Are you done?（食べ終わった？）
Are you through?（できた？）
Are you finished?
（終わりましたか／お済みですか＝おさげしてよろしいですか）［「be＋過去分詞」で受け身ではなく完了を表す表現］
Are you by yourself?（おひとりですか）
Are you expecting someone?（どなたかいらっしゃるんですか）
Are you familiar with ...?
（...に詳しい？／...についてご存知？）
Are you following me?（私の言っていること分かりますか）
Are you upset?（何かあったの？）
Are you out of your mind?（気は確かなの？）
Are you crazy?（嘘でしょ）
Are you having a good time?（楽しんでる？）
Are you open now?（今お店あいてますか）
Are you with me?（聞いてる？／同感ですか？／分かってる？）

Are you up for ...? (...はどう？)
Are you an only child? (ひとりっこですか)
Are you willing to ...?
(...しても構わないですか／...しようとしているの)
Are you pro-choice? (中絶の合法化に賛成ですか)

4. 丁寧表現，たとえば I would appreciate it if you could ... (...していただければ助かります) や I would be very thankful if you let me know ... (...をお知らせいただければたいへんありがたい) などの表現を，早めに覚えておくと好都合である。

第4章

Yes-No 疑問文の作り方

　前章で触れた Can you ...? は，典型的な Yes-No 疑問文の一つであった。ほかの助動詞の場合も，「主語＋助動詞」の形を引っくり返して，「助動詞＋主語」の形にすれば，Yes-No 疑問文が得られる。「主語＋（定形述語）動詞」の順序を引っくり返すと Yes-No 疑問文が得られるのは一定の限られた動詞の場合だけである。それは変則定形動詞（anomalous finite）の名で呼ばれ，24 個ある。この 24 個はお経を唱えるようにして，ただただ，覚えるしかない。

　ただ，変則定形動詞というのは 24 個にして，24 個に限るのであるから，これら以外の動詞を文頭にもつ Yes-No 疑問文は存在しないということが保証されている。それにしても，24 個という数は少し多すぎる。5，6 個ぐらいの下位類にまとめ，もっと覚えやすいように工夫できないものか，と誰しも思う。が，これはできない。下位類に分類することはできるが，それ以上の整理はできないということである。次に，24 個の変則定形動詞をいくつかの下位類に分けた形で示すことにする。特に覚える必要

はないが，もし，覚えるなら，この順，すなわち，am, is, are, was, were, have, has, had, do, does, did ... のように覚えるのが決まりである．

(1) am, is, are, was, were
(2) have, has, had
(3) do, does, did
(4) shall, should
(5) will, would
(6) can, could
(7) may, might
(8) must
(9) ought
(10) need, dare, used

これらのうち，(10) に挙げた三つの形は変則定形動詞の中でもその周辺部に位置づけられるもので，その使用に当たっては，いちいち辞書に当たって確かめるのがよく，ここではこのままにしておく．

上掲のリストのうち，(1) は be 動詞の取りうる定形のすべてである．が，be 動詞の取りうる形のすべてではない．be 動詞にはほかに不定詞の be, 現在分詞の being, 過去分詞の been という三つの形がある．たが，いずれも，定形ではない．だから上のリストからは除外されているのである．

同様なことは，(2) have や (3) do にも当てはまる．上の表から除外されている非定形動詞としては having, doing, done がある．不定詞形 have, 完了形 had, 不定詞形 do などは同じ形の

定形があるので，形の上からみれば，リストの中に含まれる。

日本語の場合，Yes-No 疑問文は平叙文の末尾に「か」を付けるだけで作ることができる。英語と比べると実に簡単である。では，この点に関する限り，どこからみても英語のほうが不便で劣っているということになるのであろうか。必ずしもそうとは限らない。

確かに，日本語では文末に「か」を付加すれば Yes-No 疑問文が得られる。が，これは，逆にみると，文末にくるまで，その文が疑問文であるか，ないか分からないということを意味する。比較的長い文の場合，文末まできて，ひょいと「か」が付加されていることに気づいたとする。質問されることをまったく予期していなかった相手は虚を突かれた感じで，一瞬，とまどうかもしれない。

英語の場合，そういうことはない。文頭の「変則定形動詞＋主語」のところで，Yes-No 疑問文であることはすぐ分かる。文末に至るまでの間，たとい，瞬間的であるにもせよ，聞き手のほうは答えの心構えをとることになる。日本語の場合，相手に心の準備を期待するなら「前から気がかりだったのですが」とか「お目にかかったら，お尋ねしたいと思っていたのですが」などの前置きをつけておく配慮が必要であろう。

英語の Yes-No 疑問文は，変則定形動詞と並んで，主語の存在を絶対の必要条件とする。主語の欠けている Yes-No 疑問文というものは存在しない。日本語では「今日もゴルフですか」とか「スープ召し上がりますか」など，主語を欠く Yes-No 疑問文はまったくふつうであるが，英語では決してみられない。が，主語というものはいつでも，どこででも，すぐみつかるものであろう

か。ここに問題がある。すぐみつかるとは限らないのである。

　すぐ思いつくのは大気現象に関するものであろう。大気現象というものは「そこいら中一面が」,「そこいら中一面に」,「あたりが」などの語句によって特徴づけられる性質をもっている。たとえば,「あたりがすっかり暗くなってきましたねぇ」という場合,特定の主語を選びだすのは極めて困難である。

　「雨が降っている」などの場合も,同様である。われわれは「雨というものがあってそれが天から降ってくる」と思いやすいが,それは錯覚であり,間違いである。実際は雨（rain）が降ってくるのではない。降ってくるのは水滴である。一面に水滴の落ちてくる現象を「雨」と呼ぶのである。「雨」というものが空中に浮かんでいてそれが丸ごと落ちてくるのではない。

　天候に関する Yes-No 疑問文を作ろうとする際,日本語では文末に「か」をつければすむ。英語では,主語の役目を果たすものを見つけてこない限り,Yes-No 疑問文を作ることはできない。そこで,白羽の矢を立てられたのが代名詞 it である。最も中立的にして,無色,無内容に近いものであるということになる。次の (11) はこういう苦心の結果である。

(11) a.　It's getting darker.
　　　　　（だんだん暗くなってきましたよ）
　　 b.　Is it getting darker?
　　　　　（だんだん暗くなってきましたか）

　主語がすぐには見つからない場合がもう一つある。結論を先に言っておくとすると,それは「存在承認」とでもいうべき場合である。あるものの存在自体を承認するという場合である。

たとえば，屋根を見上げて「あ，あんなところにネコがいる」と言ったとする。見知らぬネコである。これはすでに知っているネコ，たとえばわが家のタマが屋根の上にいる場合とまったく異なる。これら二つの場合を，英語では厳重に区別する。すでに知っているネコの場合，次の (12) の形を用いる。

(12)　The cat is on the roof.
　　　（そのネコは屋根の上にいる）

これに反し，見知らぬネコの場合は，次の (13) の形を用いる。

(13)　There is a cat on the roof.
　　　（屋根の上にネコがいる）

この文はあるネコについてなにかを述べているのではなく，「屋根の上にネコがいる」ということを丸ごと承認の対象としている。つまり，存在の承認である。しいて日本語で表そうとすれば「屋根の上にネコのあるあり」となるであろう。「テーブルの上にリンゴが一つある」(There is an apple on the table.) なども同じで，「テーブルの上にリンゴのあるあり」である。

存在承認の文は「何かについて何かを述べる」という形式をとっていない。つまり，主語を備えていないことになる。主語がなければ，Yes-No 疑問文は作れないことになる。「屋根の上にどこかのネコがいますか」ということを，英語では言えないということになる。それは困るということでかつぎだされたのが，存在を表す there 構文の文頭に置かれている there である。これでやっと，存在文の場合も Yes-No 疑問文が可能となっているのである。(14) をみておくことにしよう。

(14) a. There is a school on top of the hill.
   (丘の上に学校があります)
   b. Is there a school on top of the hill?

英語でも，くだけた会話などでは，話し手にも聞き手にも分かっている主語は省かれることが珍しくない。たとえば，次の(15)である。

(15) Been to NY lately?（最近ニューヨークへ行った？）

けれども，英語という言語を一つの構造体としてみた場合，主語の存在が必要とされる究極的な理由は，Yes-No 疑問文における主語の役割に求められるとしてよい。

【参考】

1. There 構文の主語である there に「そこ」という場所の意味はない。この意味を示したい場合は，文末にもう一つ there を加えなければならない。

(i) There's some more bread there.
   (そこにもう少しパンがありますよ)

2. There 構文の there には，強勢がなく，通例，[ðə] と発音される。これは定冠詞 the と同じ発音である。「そこに」という意味の there は，しっかり [ðeə] と発音する。

3. 「テーブルの上にリンゴが三つあります」は，There are three apples on the table. という。be 動詞は後に続く複数名詞に合わせて are とするのが通例である。が，こういう場合でも，この文の主語は，となると，それはやはり，there である，としなければならない。

第5章

冠詞と名詞について

　冠詞には不定冠詞 a, an があり，定冠詞には the がある。また，名詞には単数形と複数形とがある。中学で英語を習った人々はたいていこのように覚えているのではないか。それに間違いはない。けれども，そういう理解の仕方で英語を使いこなすことはできない。英語を使いこなすことができるようになるためには，冠詞も名詞も実際の文の中でどのような現れ方をしているか，という角度からみてゆく必要がある。

　ここで，名詞を大きく二つに分け，一つは英語ということばの世界で市民権をもっているもの，もう一つは市民権をもっていないものとしてみよう。市民権をもっていない名詞というのは，実際の英文の中で生ずることを許されない名詞である。「そのままの形では」というただし書きを加えるともっと分かりやすいかもしれない。

　こういう言い方をされると「そんなばかな」と思われる向きも少なくないかもしれない。ごもっともである。ちょっと先回りをして，一つだけ，例を挙げておくことにしよう。たとえば book

である。この語はこのままの形では英語の市民権をもっていない。

　これと対照的に，日本語の「本」という語は，日本語の中で市民権をもっている。したがって，「彼は本をたくさんもっている」とか「本はやっぱりおもしろいのがよい」とか「本って売れそうで売れないもんだねぇ」等々，まったく自由に用いられる。では，英語の book はどのような手が加わると市民権が得られ，文中で用いることができるようになるのであろうか。

　まず，複数形になると市民権が与えられる。books という形は，文法規則が許す限り，文中のどこにでも生ずることができる。やっかいなのは単数形のほうである。

　その単数形も，実は，大きく二つに分かれる。一つは，概略，数えられると考えられているものを表す可算名詞（countable noun）で，もう一つは数えることができないとされるものを表す不可算名詞（uncountable noun）である。一般に，複数形をとることができるのは可算名詞のほうである。市民権という角度からいうと，不可算名詞はそのままの形で市民権をもっている。たとえば，air, oil, gas, butter, wine, gold などの不可算名詞は，文中のどの位置にも，必要に応じ生ずることができる。そうすると，市民権に関し，最もやっかいなのは単数可算名詞であるということになる。

　ここで，単数可算名詞が市民権を得るためにはどのような形をとっていなければならないか，次の (1) に示しておくことにしよう。

　(1) a.　a book, an apple

第5章　冠詞と名詞について

  b. this book（この本）

  c. that book（あの本）

  d. his book（彼の本）

  e. the book（その本）

  f. every book（すべての本）

このリストは網羅的なものではない。特に（1d）の his の代わりには my, your, her, their をはじめ、John's（ジョンの）、John's father's（ジョンの父親の）といった形がみんな入ってくる。が、代表的な例ということであれば十分こと足りる。

英語の単数可算名詞は、(1) の例からも分かるように限定詞 (determiner) という名前で総括される一群の語を冠しない限り、市民権を手に入れることはできない。そういう数ある限定詞の代表ということになれば、間違いなく (1a) にみられる不定冠詞 a, an と (1e) にみられる定冠詞 the ということになるであろう。

不定冠詞と定冠詞とでは、どちらがより使いやすいであろうか。ここで「使いやすい」と言っているのは、間違った構文、すなわち、非文法的な構文を作りだす危険性がより少ないほうの限定詞というくらいの意味である。そうすると、答えは定冠詞のほうということになるであろう。ここで次の (2) をみておくことにしよう。

 (2) a. apple

  b. whale（クジラ）

  c. gold（金）

  d. information（情報）

  e. advice（忠告）

f.　beauty（美）

　　　g.　dogs（犬）

この場合，定冠詞 the は，文脈によってすべての名詞の前に冠することができる。これに対し，不定冠詞を冠することができるのは，(2a) の apple と (2b) の whale だけである。ただし，beauty も美しい人やペットなどについていう場合には不定冠詞を付することができる。使用に関し，より多くの注意を必要とするのは，不定冠詞のほうであることは明らかであろう。ただし，日本人の手になる英語には定冠詞の使用が多すぎる，と一般に言われている。「定冠詞の使用過多注意」ということになる。

　ここで，不定冠詞と定冠詞の最も一般的な特徴づけをしてみることにしよう。この場合もどちらかといえば定冠詞のほうが容易である。われわれは，the book とあれば，通例「その本」と訳す。では「その」とは何か。正解は「話し手にはもちろん，聞き手にもそれと分かっているもの」のことである。したがって，「あの」でもよいし，「例の」でもよい。場合によっては日本語の訳文に現れてこないこともある。次の (3) をみることにしよう。

　　(3)　I want to catch the fish in the pond.
　　　　（あの池にいる魚をつかまえたいんだ）

この場合，the fish は「ほら，君も知っているあの池のあの魚」ということになる。an apple のほうはどうであろうか。an apple は原則的には「リンゴの名で呼ばれる集合の中の任意の一成員」ということになる。が，これには二つの場合がある。一つは特定的（specific）の名で呼ばれる用法で，相手から「どのリンゴ」と

聞かれた場合，たとえば「ほら，あそこのテーブルの上にあるやつ」というように，話し手がその存在を指さすことができる場合に用いられる。もう一つは「非特定的」(non-specific) の名で呼ばれる用法で，話し手がこれと言って指し示すことができる対象物を持っていない場合に用いられる。次の (4) をみることにしよう。

(4) a. There is an apple on the table. It looks delicious.
    (テーブルの上にリンゴが一つある。美味しそうだ)
  b. I want to eat an apple, but I can't find one in the fridge.
    (リンゴが食べたい。でも冷蔵庫には見当たらないね)

この場合，注意すべきは，「特定的不定冠詞＋名詞」(4a) を受ける代名詞は it で，「非特定的不定冠詞＋名詞」(4b) を受ける代名詞は one であるという点である。通例，it は代名詞と呼ばれるが，それは慣用上そうされているだけで，it が名詞の代わりをしていることはない。名詞の代わりをしているというのなら，(4a) は *There is an apple on the table. An apple looks delicious. でもよいことになるはずであるが，そうはならない。it の本当の機能は，「その先行詞によって指示される現実世界のものごとを指す」というものである。代名詞という名にぴったりなのは，(4b) における one の用法である。この one は，名詞 an apple の代わりをしているからである。

　定冠詞は，単数形，複数形を問わず，どんな名詞の前にもつく。不定冠詞は単数可算名詞の前にだけつく。ところが，可算・不可算の区別は，われわれ外国人を最後まで悩ます長物の一つで

ある。しかも、この名詞全体をおし包んでいるといってよい限定詞体系は、日本語には見事に欠落しているのである。日本語と英語という二つの言語を総括的に比べようとするとき、限定詞体系の有無は何を物語っているといえばよいのであろうか。

　そんなことは、従来、問題とされたこともなかったといってよい。答えが提案されたことなど、さらになかったと思われる。したがって、以下は、この問題に関する最初の試案であることになる。

　最初に結論を述べておくことにする。まず、言語というものは、人間がこの大地、自然に対峙（たいじ）した時、それらを処理し、いわば、征服するために考えだした最も便利で賢い武器であったと考えられる。ここまでが万国共通の普遍的現象であったとしてよい。その中にあって、英語の限定詞体系を特徴づけている根本義は何か、と問うなら、それは「分割せよ、そして統治せよ」という原則であったとすることができるように思われる。原始人が身辺をみたとき、そこには木があり、実がなり、鳥が舞い、河や池があり、魚もいたかと思われる。これらはすべて分割された形で外界に存在していたものである。そこで、可算名詞 a tree, an apple, a bird, a river, a pond, a fish などが得られる。

　これらの場合、「分割」ということはすでに完了し、所与のものとなっている。それぞれの個体は個体として認知され、可算名詞として扱われるようになると統治可能な対象となる。制御可能なものになったといってもよく、その限りで「人間による自然の征服」が具現化されているといってよい。これが自然との和合を是とする日本文化の対極（antipodes）にあるものであることは言うをまたないが、ここでは立ち入らない。

第5章 冠詞と名詞について

　分割されているものは支配下に置きやすい。木の実や魚は食用となり，木を切ればたき木となる。対象が常に分割されているとは限らない場合はどうするか。分割されていないのが常態であるものを表す名詞は，当然，不可算名詞扱いとなる。不可算名詞とされるものは，いくら分割してもその特性に変化を生ずるということがない。oil（油）は，その一滴を取ってみても依然としてoil である。可算名詞はその点が異なる。table（テーブル）をまっ二つに分割すれば table ではなくなる。

　けれども，外界にあるものがきっぱり可算名詞と不可算名詞とに二分されるとは限らない。あるときは可算名詞的，あるときは不可算名詞的ということがあるからである。が，これには二つの場合がある。可算名詞用法が通例で，ときに不可算用法もあるという場合と，不可算用法が通例で，ときに可算用法もあるという場合である。どちらがより原理的な現象であるかというと，それは不可算名詞の可算名詞化のほうで，その逆ではないと思われる。そう考えるほうが「われらを取り巻く現実世界を分割せよ」という大義に合致するからである。英語という言語に魂とでもいうべきものがあるとするなら，不可算名詞の領域を少しでも減らし，可算名詞の領域をそれだけ増やすということを意図していると言ってよいように思われる。

　たとえば，cake（ケーキ）というのは，本来，不可算名詞である。切り分けられた断片も依然としてケーキであるからである。が，birthday cake とか，モンブランなどのように，他のものとはっきり区別される輪郭をもつ独立した個体となると，すぐ，可算名詞として扱われるようになる。しかし，他と区別される明確な輪郭をもちえない場合もたくさんある。たとえば water であ

る。この典型的な不可算名詞は可算名詞化への道をたどることができるであろうか。できる。a pond, a river, a lake, an ocean, a puddle などもその例である。いずれも水が主役である。水の広がりが他者と区別される明確な境界線を与えられたとき，可算名詞が得られるのである。

では，境界線がまったくない水の場合，可算名詞化は打つ手なしとなるのであろうか。そうではない。はっきりした輪郭を持ち，他者との境界線を持つ，たとえば，a glass を仲介者として用いればよいのである。a glass of water の形がそれである。この仲介者は分類辞（classifier）と呼ばれ，日本語の紙3枚，鉛筆2本，ご飯2杯などに当たる。

注意すべきは a glass of water の場合，文法的には a glass が主要語であるが，意味的には water が主要語であるという点である。a glass of water は，心情的には a water なのである。

慣用法的にも，レストランなどでは two coffees, a tea, a water などの形が定着するに至っている。さらに，an expensive cup of coffee（高価な1杯のコーヒー）という場合，高価なのはコーヒーであってカップではないという不思議な現象も上のように考えることによって理解されるであろう。

一般に，不可算名詞の可算名詞化と，可算名詞の不可算名詞化とは，等価的なものとして扱われることが多い。が，これは正しくないと思われる。有標［非普通］・無標［普通］という点からみれば，不可算名詞の可算名詞化のほうが無標で，可算名詞の不可算名詞化は有標であると考えられる。つまり，可算名詞の不可算名詞化は特別な場合に限られるということである。

極言すれば，不可算名詞の可算名詞化はほとんど常に可能であ

るとさえ言うことができる。一方には，a glass of（コップ1杯の），a cup of（1杯の），a piece of（ひとかけらの），a sheet of（1枚の），a pint of（1パイントの），a bottle of（ひとびんの），a spoonful of（さじ1杯の）等々の分類辞が用意されている。

他方，やや気づかれにくいことであるが，ほとんどすべての不可算名詞は，英英辞典によると，可算名詞を用いた形で定義されているということがある。次の (5) をみることにしよう。

(5) a. Water is a clear, thin liquid.
 （水は透明で希薄な液体である）
 b. Gold is a valuable, yellow-colored metal.
 （金は貴重な黄色い金属である）
 c. Oil is a smooth liquid.
 （油はなめらかな液体である）
 d. Cake is a sweet food.
 （お菓子は甘い食べものである）

これらの場合，不可算名詞が可算名詞としての扱いを受けているのは，それぞれの不可算名詞の上位語（superordinate）である liquid, metal などの立場からみているからである。抽象の階段を一つ上ると，それまで不可算名詞であったものは，他の物質との境界線をもつ，すなわち，いわば，独自の輪郭を備えたものとしての扱いを受ける度合いが高まるようになるということである。wine は不可算名詞であるが，種類に言及するときには，various wines（さまざまなワイン）のように可算名詞化されるとよく言われるが，これも原理的には視点を一段階上位に移した場合にみられる現象と考えることができる。

今度は視点をより下の段階へ移動させるとどうなるか，少し考えてみることにしよう。ここに，メロンが一つあるとしてみよう。もちろん，a melon であり可算名詞であるが，これはメロンを外側からみている場合である。これをもう一段階下の視点からみることにしてみよう。それは視点をメロンの内部へもぐり込ませることを意味する。そこにあるのは等質的な果肉の世界である。どこの一片を切り取っても同じくメロンである。これこそまさに不可算名詞である。

　対象が植物であれ，生きものであれ，ひとたび人の口に入るときは，例外なく，不可算名詞化するという大原則も，外側からの視点，内側からの視点という視点の移動ということに基づいて説明することができるであろう。「上にメロンがのっているケーキ」を a cake with melon on top of it ということはできるが，*a cake with a melon on top of it ということはできないことも明らかであろう。刺身やすしにかかわる魚も，当然，不可算名詞扱いとなる。ちょっと興味を引くのは天ぷらである。生の魚はもちろん，天ぷらではない。天ぷらは衣をつけ，熱せられた植物油の中をくぐり抜けているものである。そこをくぐり抜けた瞬間，食べものとして口に入ることを約束されているとみなすことができる。そのためであろうか，天ぷらは総じて不可算名詞扱いである。したがって，「私は昨晩天ぷらを三つ食べました」は *I ate three tempuras yesterday evening. ではなく I ate three pieces of tempura yesterday evening. とすべきであろう。一般に，複数形が成立するためには複数形を構成している成員間に形態上の類似性を必要とするが，天ぷらの場合，この条件も満たしていないということがあるかもしれない。

可算名詞の不可算名詞化というのは、常識的な線でいえば、「形あるものから形なきもの」というふうに捉えてもよいものである。次の (6) をみることにしよう。

(6) There was dog scattered all over the road.
（道路は一面に犬だらけであった）

これは、犬が交通事故にあった場合の光景である。こういう場合、可算名詞の出番はない。不可算名詞の世界である。

ここで、定冠詞 the についてもう少し触れておくべきであろう。定冠詞の用法は上でも触れたが、「話し手にとってはもちろん、聞き手にとってもそれと分かるもの」を指すときに用いられる。この場合、「話し手にとって、それと分かるもの」に関しては問題がない。話し手は、通例、自分の知っていることを話すからである。が、「聞き手にもそれと分かるもの」というのは、やや問題である。「相手の心の中」って、そんなに簡単に分かるのか、ということである。正解は「あくまで、推測に基づいて」ということである。次の (7) をみることにしよう。

(7) a. Can you open a window?
（窓を開けていただけますか）
b. Can you open the window?
（その窓開けていただけますか）

この場合、(7a) の a window は、その部屋にあるどの窓でもよい。が、(7b) の the window は、「聞き手にもそれと分かる窓」でなければならない。まず考えられるのは、その部屋に窓が一つしかない場合である。窓が複数個ある部屋の場合、すべての窓が

すぐ開けられる状態にあるとは限らない。窓の下わくに人形やら植木鉢やらが並んでいて，開けられる窓が一つしかないとする。その窓こそが the window によって指し示される窓であることになる。

　文脈から「それと分かる」という場合もある。次の (8) をみることにしよう。

(8) a.　I bought a book and a magazine yesterday. The book is about Africa and the magazine is about Europe.
(私は昨日，本と雑誌を買いました。本はアフリカに関するもので，雑誌はヨーロッパに関するものです)
　b.　The book which I bought yesterday is about Africa.
(私が昨日買った本はアフリカに関するものです)

この場合，(8a) の the book は「昨日私が買った本」，the magazine は「昨日私が買った雑誌」であり，聞き手にもそれと分かる。それで定冠詞がついている。(8b) は，関係代名詞 which を用いて，(8a) における book にかかわる二つの文を一つの文に仕立て直したものである (magazine についても同じ操作ができる)。(8b) における定冠詞の用法は，(8a) における定冠詞の用法と同じものである。関係代名詞の使用によって「それと分かる」ことになっている。

　ついでに，次の (9) をみておくことにしよう。

(9) a.　the radio (ラジオ), the television (テレビ), the newspaper (新聞), the news (ニュース)

b. the piano（ピアノ）, the violin（ヴァイオリン）, the guitar（ギター）

これらの場合，慣用上，常に定冠詞を伴って用いられる。(9a) は最もマスコミ性の強い語といってよく，(9b) はよく知られている楽器である。いずれの場合も，種類を問うことなく万人が「ああ，それねぇ」と納得できる対象を示しているとでも言えようか。

【参考】

1. 不定冠詞 a と an は，本来，同じ語であったものの異形である。形の上からいうと a より an のほうが古い。母音で始まる語の前では an apple のように今でも an が用いられるが，子音で始まる語の前では a peach のように an の n が落ちて，a となったものである。一般に *a apple のように，短い母音が二つ連続して生ずる形は発音しにくいので避けられる傾向にある。The idea of it!（とんでもない）という場合，of の前に [r] が挿入されたりするのも，同類である。

不定冠詞 an と数詞 one とは，本来「一つ」を意味する同一の語であった。an のほうは発音も意味も弱くなって，不定冠詞となった。が，正常な史的音変化にしたがっていれば，現代英語では [oun] となっていたはずのものである。数詞の one も本来的には [oun] となるべきであったのに，さまざまな因子が絡んだ結果，極めて不規則な [wʌn] となったのであった。けれども，one が [oun] と発音されている例もいくつかみられる。ただ，隠れた形で残っているので気づかれにくい。only（ただ…だけ）は，本来，one-ly であったものである。alone（独りで）は，all で one を強めた形 all one（まったく一人）が根底にある。lonely（寂しい）も，根底にあるのは all-one-ly で「ひとりぼっち」ということである。lonesome も「ひとりぼっち

で寂しい」ということである。

2. 母音接続（hiatus）を嫌う傾向は定冠詞の場合にもみられる。定冠詞 the は，通例，[ðə] と発音される。が，母音で始まる語の前では [ði] と発音される。が，これを，なだらかに，いわば，英語らしく発音するためには，[ðíː] のように，少し引っ張った形で発音するのがよいとされる。

第 6 章

文の構造と意味解釈

　文の意味解釈はどこから始めるかと問われたら「文頭の主語のところから」と答える人が多いのではないかと思われる。「どこから読み始めますか」と問われれば,「文頭から」という答えしかありえない。が,文の意味解釈となると,ただ,文頭から読み下せばよい,だけではすまされなくなる。文の意味解釈はその文の文法構造に依存しており,その文法構造が分からなければその文の意味も分からないことになるからである。

　もちろん,文頭から読み始めそのまま文末に至り,至り着いた瞬間,滞りなくその文意を理解するということは十分にありうる。その場合,文の文法構造は無視されていたかというと,そうではない。その文法構造は文頭からの読み下しが始まると,瞬時に,あるいは,それと平行的に察知されていたのである。練達の読み手,あるいは,大部分の母語話者はそのように英文を読み,理解しているはずである。したがって,問題は,一読してその文法構造は明らかとはゆかない場合である。

　その場合,文法構造を解く手掛かりはどこに求めたらよいの

か。答えは述語動詞である。つまり，文法構造の鍵を握っているのは述語動詞であるということである。述語動詞が決まれば，文の他の部分はひとりでに決まってくると言い換えてもよい。述語動詞と対をなす主語のほうについて言えば，「それが決まれば，あとはそれに応じてみんな決まってくる」というようなことはまったくない。主語が決まれば述語動詞も決まるということはないが，述語動詞が決まると，主語となりうるものの選択肢はかなり制約されるに至るというのは通例である。

　比較的簡単な例として，次の（1）をみることにしよう。

（1）　Mary killed John with a gun in the yard yesterday.
　　　（昨日庭でメアリーはジョンをピストルで殺した）

この場合，述語動詞として kill が選ばれているのは，この語が他動詞構文の最も優れた例示語の一つであるためである。この文は最も基本的な文型の一つで，構造の上からみても，意味の上からみても，特に手間取る必要はないものである。そのため，かえって文の意味解釈や文構造の仕組みを原理的に考えてゆくのに好適でもある。

　まず，述語動詞を探す。動詞特有の過去を示す屈折接辞 -ed をもっている語 killed があるので，これが述語動詞であるとすぐ分かる。分かったら，今度はその意味をできるだけ分析的に考えてみることにする。が，その前に，ある文が過去時制の述語動詞をもっているということは何を意味するのか，少し触れておくことにしよう。

　過去形の述語動詞は，当然，過去形であることを示す屈折接辞をもっている。が，この過去を示す屈折接辞は意味論的には述語

動詞だけに付いているのではなく,文全体に付いているものである。したがって,(1) の文に含まれている Mary も,a gun も,the yard も,すべて yesterday という過去の一時点に存在していたもので,その後,どうなったかということについては一切責任をもっていない。けれども,そういう過去の世界のただ中に現在という時が,いわば,割り込んで,過去と現在とが交差しているということはありうる。次の (2) をみておくことにしよう。

(2) a. The President drank a cup of coffee here at this table yesterday.
(大統領は,昨日,このテーブルでコーヒーをお飲みになりました)
b. We first met each other here in front of this waterfall twenty years ago.
(私たちは,20年前,この滝の前ではじめてお会いしたんでしたねぇ)

これらの場合,場面はいずれも過去である。その中へ「現在」がくさびのように打ち込まれている。一種の離れ業である。それを可能にしているのが,here とか this というような話し手を中心にして直示的に決まってくる語 (deixis) の使用である。now, here, this などの語は,スペードのエースよろしく,どこへでも平気で入りこんでくることのできるオールマイティな語なのである。

述語動詞を文構造解明のため,しっかり吟味するというのは,その意味内容を精査するということではない。それもどのみち必要にはなるが,ここで問題としたいのは述語動詞が統語論的にど

のような相手を必要とするか，という点である。kill という述語動詞の場合であれば，まず必要とされるのは動作主（agent）であろう。つまり，必ず「人を殺すという行為をした人」がいなければならない。同様に「殺すという行為を受けた人，すなわち，被動者」(patient) もどこかに必ずいるはずである。さらに，殺人の際に用いられた道具（instrument）にも，通例，言及があるはずである。殺人の行われた場所や日時などに関しても，必要に応じ，言及があるはずである。こういった要素への言及が必要であることは述語動詞として kill が選ばれた瞬間，すでに決まっていることである。kill という動詞は，言ってみれば，少なくとも，3 本の腕を差しだし，動作主，被動者，道具という 3 本の手が握手しにきてくれるのを待っているといったところである。この握手がうまく行われないようなら，まっとうな文は得られないし，その文が用いられることもないであろう。

　以上のことを，具体的な文 (1) について検証してみることにしよう。簡単な文であるから手間ひまはかからぬが，決められた手順に従って，まず述語動詞に目をつける。killed である。動作主が必要である。ありました。Mary がそれです。被動者もなければいけません。ありました。John です。ついでに道具もありました。with a gun です。in the yard が場所を表す副詞的語句，yesterday が時を表す副詞的語句であることもすぐ分かる。これで，(1) の意味は，その統語構造に関する説明を待つまでもなく，十分に分かる。

　述語動詞から，いわば，握手を求めて，何本かの手が差しだされていると述べたが，動詞が求めている握手は原則的には名詞である。握手が成立している場合の名詞は相手の動詞によってしば

られている，あるいは，支配されていると言われる。もしも文中に述語動詞によって支配されていない名詞があるとしたら，その名詞は，言ってみれば，離れ駒である。離れ駒を含んでいる文は非文法的な文であり，解釈不能である。逆に，今，目にしている文で，離れ駒と思われる名詞が存在しているようなら，それは文構造の解析が不十分な証拠であり，述語動詞に関する，より正確な情報を必要とするということになる。以下，具体的な例についてもう少し検討してみることにしよう。

述語動詞のうち，握手のため手を差しのべているとしたのは，他動詞の名で呼ばれている動詞である。それによって表される行為が他の対象に及び，影響を及ぼすのを特色とする。縛るとか，支配するとか，握手するとかいったのは，いずれも述語動詞とその影響が及ぶ対象物との関係に言及しているものである。

他方，述語動詞の表す意味が他の対象物に影響を与えないという場合もある。自動詞の場合がそれである。目的語をとらないという点では be 動詞も自動詞の一種である。が，一般の自動詞とは極めて異なる特性をもっているので，be 動詞は他と区別される特別なものと考えてもよいであろう。

次の (3) からみてゆくことにしよう。

(3) John is a lawyer.
　　（ジョンは弁護士です）

この形の構文は「ジョンは弁護士の名で呼ばれる集合を形づくっている成員の一人である」の意を表す。文強勢は lawyer のところに置かれる。もしも文強勢が John のところに置かれているとすると，それはやや特別な場合で，「ジョンが弁護士です」の意

となる。これを答えとして引きだしている疑問文は Who is a lawyer?（［大勢人が集まっているところで］誰が弁護士ですか）である。

次の (4) は，be 動詞の前の名詞句と，あとの名詞句，すなわち，be 動詞の前後の名詞句の両方に定冠詞がついている場合である。この場合，極めて珍しいことながら，主語と補語とを入れ替えても，いわば，引っくり返しても，文法的な文が得られる。

(4) a. The catcher is the captain.
　　　（その捕手はキャプテンだ）
　　b. The captain is the catcher.
　　　（キャプテンはその捕手だ）

この場合，(4a) とその引っくり返しである (4b) とは，一見したところではあまり意味の違いはないように思われる。事実，従来はそのように考えられてきたといってよい。が，これは大きな間違いである。

主語と補語とを引っくり返せば同じ意味の別な文が得られるなどという規則はどこを探してもない。二つの要素を引っくり返すと同じ意味の別の文が得られるという発想が出てきたりしてはいけないのである。(4) の構文は，実のところ，手に負えないくらいやっかいな構文なのである。（詳しくは安井稔「等式型 be 構文の問題点」『英語学の見える風景』(2008, 開拓社) を参照されたい。）

一般に (4) の構文における be は「同一認定の be」(identifying 'be') と呼ばれ，(4a) なら「その捕手がそのキャプテンと同一の人物であると認定することができる」という意味であるとされる。(4b) も同一認定の be であるが，意味をとって訳せば

「キャプテンであるのはその捕手だ」となるであろう。つまり，(4a) のほうには「主語 the catcher に関し，その身分，役職などについて叙述する」という部分が含まれているのに対し，(4b) には叙述の意味がない。(4b) のほうは「キャプテンという，いわば，器が用意されていて，それにぴたりと当てはまるのはその捕手だ」と言っているのである。ともに同一認定であるということは認めてよいが，同一認定に至り着く道筋が異なるのである。

述語動詞として，一般の自動詞が選ばれている場合はどうなるであろうか。次の (5) に用例を少し並べておくことにしよう。

(5) a. John walks to work every weekday.
　　　　（ジョンはウィークデーには歩いて職場まで行く）
　　b. The sun rises in the east and sets in the west.
　　　　（太陽は東に昇り，西に沈む）

(5b) の場合，日本語では「東から昇る」とするのが慣用であるが，いわば，英語的な「東に昇る」という言い方のほうが論理的であると思われる。いずれにせよ，英語では *The sun rises from the east. とは言わない点に注意が必要である。

上の (5) と比較すべきは次の (6) である。

(6) a. He is walking to his office.
　　　　（彼は仕事場に向かって歩いているところです）
　　b. The sun is rising in the east.
　　　　（太陽が東のほうから昇りつつあるところです）

上掲 (5) に挙げた動詞 walk, rise は動作 (action) を表す動詞で，(5) におけるように現在形のままで用いると現在の習慣的行為と

か，不変の真理などを表す。現在，目の前で行われていることを表すことはできない。眼前で進行中のことを表すには，(6) にみられるように現在進行形を用いなければならない。

　ただし，急いで付け加えておくべき例外が一つある。眼前で行われている行為とそれを描写することばとが，同時に始まって同時に終わるという場合である。この場合は行為を表す動詞であっても進行形にせず，単純現在形を用いる。典型的なのがスポーツの実況中継，テレビの料理番組，手品師の口上などである。次の (7) がその例である。

(7) a. The shortstop makes the catch and throws it to first base.
（ショート取りました。1塁へ送球）
　　b. Now I cut the potato into pieces and put them in the pan.
（じゃがいもを細かく刻み，フライパンに入れます）
　　c. Now I take out a handkerchief from my pocket.
（さてハンカチをポケットから取り出します）

同じくスポーツ放送であってもヨットレースのように動作がゆったりしているものの場合，瞬時的現在を表す現在形は用いられない。用いられるのは現在進行形である。

　上でみてきた行為動詞，すなわち，非状態的動詞の対極にあるのが状態動詞 (stative verb) である。状態動詞の特徴は，現在形のままで現在のことを表すことができるという点にある。つまり，現在のことを表すのに現在進行形を用いなくて済むということである。というより，進行形を用いると，通例，非文法的な文

となってしまう。「我思う。ゆえに我あり」というのは「考えている自分が存在する」ということで，思考の世界は常に現在進行中であることを意味する。したがって，わざわざ進行形にする必要はないのである。言うまでもなく，状態動詞には思考動詞以外の動詞も数多く含まれている。次の (8) をみることにしよう。

(8) a. I hope that the day will come when I can speak English fluently.
    (英語を自由に話せる日がくるとよいのだが)
  b. I don't think that it will rain tomorrow.
    (明日は降らないと思う)
  c. I wonder if I can have a word with you.
    (ちょっとお話ししたいことがあるのですが)
  d. I want to visit Niagara Falls next summer.
    (来年の夏，ナイアガラの滝を見に行きたい)
  e. He lives in Karuizawa and enjoys the chirping of little birds.
    (彼は軽井沢に住み，小鳥のさえずりを楽しんでいます)
  f. How much does it cost to go to Ireland?
    (アイルランドへ行くにはいくらかかりますか)

状態動詞が状態を表し，したがって，進行形をとらないというのはそのとおりであるが，例外的な場合も少なくない。それらは，言ってみれば，なにかの理由で状態に変化が生じ，動きが生じてきている場合であるといってよいように思われる。つまり，静的な状態に一種の「波立ち」が生じていることになり，そうなると現象的には非状態動詞と変わるところはないことになってく

る。次の (9) をみることにしよう。

(9) a. I don't think so.
    (そうは思いません)
  b. I'm thinking of going to Ireland next summer.
    (来年夏, アイルランドへ行こうと思ってるんだ)

この場合, (9b) は状態動詞の進行形によって, なんとなく心の定まりきらない様子を示しているといったところがある。

似たような例を次の (10) と (11) にみておくことにしよう。

(10) A: Can you hear me in the back?
      (うしろのほうの方, 聞こえてますか？)
    B: Yes, I'm hearing better now.
      (ええ, よく聞こえるようになってきましたよ)

(11) John is resembling his father year by year.
    (ジョンは年ごとに父親そっくりというところですねぇ)

上とはやや異なる例を次の (12) に示す。

(12) a. Can I have a word with you?
      (ちょっとお話ししたいことがあるんですが)
  b. Could I have a word with you?
  c. I wonder if I could have a word with you.
  d. I'm wondering if I could have a word with you.
  e. I was wondering if I could have a word with you.
      (ちょっとお話ししたいと思っていたことがあったのですが)

この場合，丁寧さの度合いは (12a) から (12e) の順に高くなる。つまり，間接性の度合いが高くなればなるほど丁寧さの度合いは高くなる。過去時制は現在時制より間接性の度合いが高く，進行形は非進行形の単純形より丁寧さの度合いが高い。手間ひまかかっているほうの形が，より丁寧ということで，丁寧な文ほど長くなるという傾向がある。

　本章冒頭のところで，文を理解しようとするなら，まず述語動詞を探せと述べた。その述語動詞に関し，kill のような他動詞があること，自動詞 be は特別な動詞であること，動詞には自動詞・他動詞を問わず，状態動詞と非状態動詞の別があり，前者は，通例，進行形には用いない旨などについて略述してきた。が，述語動詞には，まだ触れていない重要なものが少なくとも二つある。いずれもその目的語の中に「名詞句＋名詞句」という名詞句の連鎖を含んでいるものである。ここで名詞句というのは，市民権をもつ名詞を中心語としてもつ語句のことをいう。「限定詞＋名詞」の形はもちろん，John のような固有名詞も，it とか him のような代名詞も含まれる。

　どうして「名詞句＋名詞句」という結合が統語論的に大きな問題となるのであろうか。それは名詞句の一つが，述語動詞と結びつき，1個の意味単位を形成すると，残りの名詞句は離れ駒となり，解釈不能ということになってしまうからである。この難局を理論的に打破する道は二つしかない。一つは「述語動詞＋第一の名詞句」を一かたまりと考え，これを拡大された述語動詞と考える道である。もう一つは「第一の名詞句＋第二の名詞句」全体を拡大された名詞句と考える道である。議論はさまざまに分かれるが，より無理の少ないほうの案ということになると，拡大名詞句

案ではなく，拡大述語動詞案ということになるであろう。

　最も典型的なのが，いわゆる授与動詞である。次の (13) から
みてゆくことにしよう。

(13) a.　John gave her a Christmas gift.
　　　　（ジョンは彼女にクリスマスのプレゼントをした）
　　 b.　John gave a Christmas gift to Mary.

この場合，(13a) と (13b) とは一般に同義とされるが，両者の
間にはかなりはっきりした違いがある。

　一般に，英語の文では文末の内容語に文強勢が置かれる。文強
勢を置かれた語句は，その文における最も高い情報価値を担う。
この大原則はそのまま (13) の例にも当てはまる。

　上の (13a) におけるような「第一の名詞句＋第二の名詞句」を
「間接目的語＋直接目的語」の名で呼ぶことにすると，(13a) の
場合，新情報を担う最重要の語句は文末の位置に置かれている直
接目的語の a Christmas gift である。間接目的語の her は代名詞
であることからも分かるように情報上はあまり重要でない旧情報
を示しており，むしろ，述語動詞 gave の一部に繰り込まれてい
る感さえある。「それを私にください」というとき，Gimme it.
という形がしばしば用いられるが，この場合など，間接目的語は
動詞の一部に繰り込まれ，動詞と融合しているといってよいであ
ろう。

　これに対し (13b) における最も重要な語は，文末にあって文
強勢が置かれている to Mary である。「述語動詞＋間接目的語＋
直接目的語」という構文の直接目的語を動詞の直後の位置，すな
わち，典型的に直接目的語が占めるべき位置に置くとすると，そ

れまで間接目的語であった名詞句は to を伴って文末に置かれる。(13a) と (13b) とは，この対応関係を示しているものである。(13a) をそのまま (13b) の型に変えようとすると John gave a Christmas gift to her. というやや不適切な文が得られるので，新情報を担うにふさわしい to Mary に代えてある。

「述語動詞＋間接目的語＋直接目的語」の順番を変え「述語動詞＋直接目的語…」とすると，もと間接目的語であった名詞句は前置詞 to を伴って，文末に置かれるのが通例である。上の (13) が，その例であった。が，組み換えによって得られる前置詞句は，to によって導かれるものだけではない。

次の (14)，(15)，(16) にみられるように，前置詞が for である場合もある。

(14) a.　She made him a tea.
　　　　（彼女は彼のためにお茶をいれた）
　　b.　She made a tea for John.
　　　　（彼女はジョンのためにお茶をいれた）

(15) a.　She knitted him a sweater.
　　　　（彼女は彼のためにセーターを編んだ）
　　b.　She knitted a sweater for John.
　　　　（彼女はジョンのためにセーターを編んだ）

(16) a.　He bought her a doll.
　　　　（彼は彼女のために人形を買った）
　　b.　He bought a doll for Pam.
　　　　（彼はパムのために人形を買った）

上の例からも察せられるように，組み換えによって生ずる前置詞

句がforを含むのは，述語動詞が「ものを作りだす」という意味をもっている場合か，「ものを買い求める」という意味をもっている場合である。

「述語動詞＋第一名詞句＋第二名詞句」の構造をもつ別の種類の動詞がある。次の (17), (18) をみることにしよう。

(17)　He named the ship Queen Elizabeth.
　　　　（彼はこの船をクィーンエリザベス号と命名した）
(18)　They elected him chairman.
　　　　（彼らは彼を座長に選出した）

以上のような述語動詞に多少「くせ」のある動詞が選ばれている場合のほかに，「名詞句＋名詞句」という結合が文中にでてくるのは，二つの名詞句の間に目的格の関係代名詞が省略されている場合に限られる。次の (19) をみることにしよう。

(19)　This is the book John bought yesterday.
　　　　（これはジョンが昨日買った本です）

この文は極めて簡単なものであるから，目的格の関係代名詞の省略などということで足をすくわれることはない。が，長文の場合，目的格関係代名詞の省略ということに気づくまで，一瞬立ちどまるということを余儀なくさせられた，という思いは多くの人が共有されているのではないか。

【参考】
1．I think it will not rain tomorrow.（明日は雨じゃないでしょう）よりも I don't think it will rain tomorrow.（明日は降ることないん

じゃない) のほうが一般的である。

英語では否定辞を文頭に近いところに置くのが通例である。この例の場合には I don't think ... のほうが, やわらかな感じを与えるということもあるように思われる。

2. 次の (i) と (ii) を比べてみることにしよう。

 (i) a.　John gave her a doll.
　　b.　She was given a doll.
　　c. (*)A doll was given her.
(ii) a.　John gave a doll to Mary.
　　b.　A doll was given to Mary.

ほとんど同じ意味を表す受身文が三とおり可能である。ここで, やや原則的といえるかもしれない傾向を求めてゆくと, 述語動詞の直後に位置している名詞句を受身文の主語にすえた場合は, 問題なく容認可能な受身文が得られるということになると思われる。この通則に違反しているのが (ic) である。この問題には方言による違いもからんでいるので, 一概に言えないが, (ic) の形を使いたくなったら (iib) の形を使うのがよいということになるであろう。

第 7 章

文の統語構造について

　英語の本を開いてみると,そこにあるのは限りなき英単語の連続体である。みたところ,それは,無表情に,そして,平面的に,限りなき連鎖を形造っているだけである。が,英語への理解が少しでも進んだ段階になると,そのような印象はまったくの虚構であることがすぐ分かる。

　では,虚構であることを証明する糸口はどこに求めることができるであろうか。この問題に対するアプローチはさまざまである。が,身近で最も明白な手掛かりということであれば,単語間の親疎関係ということになるであろう。

　単語間の親疎関係というのは,隣り合って生じている同士の結びつきが最も密であるとは限らないということである。ここで,前章 (1) の例を借り,次の (1) として今度は単語間の親疎関係という角度から眺め直してみることにしよう。

　(1)　Mary killed John with a gun in the yard yesterday.

この場合,まず問題となるのは Mary と killed との関係である。

両者は隣り合って生じているし，意味上も「動作主＋動作」という関係になるのだから，最も深く最も密接に結びついていると考えられそうであるが，文の構造という面からみると，それは明白な間違いである。もしも，文構造の上からみて Mary と killed とが密接に結合しているとしたら，with a gun in the yard yesterday の部分は離れ駒となり，解釈不能となる。これらが，意味上，結び付くかと思われる killed は主語 Mary によって先取りされてしまっており，もうそこにはいないことになるからである。

どの単語も，一度その役を果たせばお役ごめんとなり，二度のお召しにあずかるということは決してないのである。もしも，この大原則から水のもれるようなことがあったら，言語はバベルの塔どころではない。大混乱に陥り，言語としての用をまったく果たしえなくなるであろう。

では，Mary が直接結びついている相手は何であると言えばよいのであろうか。ここで，次の (2) をみることにしよう。

(2)　[Mary] [killed John with a gun in the yard yesterday]

この場合，括弧区分が二つ示されている。最初の括弧区分を主部，二番目の括弧区分を述部と呼ぶことにすると，主部 Mary が直接結びついているのは，述語動詞 killed ではなく，括弧区分で示されている述部全体である。

述部の内部についても同様なことがみられる。[killed John] は，隣り合っている語同士が「他動詞＋目的語」として固く結びつき，動詞句の名で呼ばれる一段階上のレベルの固まりを形造っている。が，John と with とは，隣り合っている要素であって

も直接的にはなんの関係ももっていない。[with a gun] は，隣りあっている前置詞 with と名詞句 a gun とが固く結びつき，前置詞句を形成している。この前置詞句は一段階上のレベルで動詞句 [killed John] と結びついている。

つまり，文の構造というのは，一番上のレベルでは「主部＋述部」の結合から成り立っている。主部の末尾と述部の頭とは，たとい隣り合っていても，長文の場合なら，何の関わりももたないというのが通例である。

その主部と述部の内部構造はどうなっているかというと，いちばん下のレベルで結びつき合う特性をもった語同士が，結び合って固まりを造る。そこで得られるのが，名詞句，動詞句，さまざまな種類の修飾語句である。さらに上のレベルでは「主要部＋修飾要素」が固まりをなし，最後に述部ができ上がるということになる。述部ができ上がると，「主部＋述部」，すなわち，文全体の意味解釈が得られて，文の解釈という目標がひとまず達成されることになる。

ここで，隣り合って生じている要素同士が最も密接に結びついているのではないということを象徴的に示している例を挙げておくことにしよう。次の (3) である。

(3) The doctor who invited the children is coming this evening.
（子どもたちを招待した先生が今晩お見えになります）

この場合，問題は隣り合って生じている the children is という連続である。隣り合って生じているものの，文法的には決して結びつきえない「複数名詞＋単数動詞」という関係にあるからであ

る。単数述語動詞 is と結びつくべき正しい主語は，文脈を左にたどってゆき，the doctor のところまで遡ったとき，はじめて得られることになる。

以上は，同じ平面上における単語の連鎖に関し，その疎密関係は隣り合っているかどうか，というような平面上の距離関係によって決まるのではなく，平面的な単語の連鎖の背後にある，いわば，ピラミッド上の構造に基づいて決まるということを考えてきたことになる。けれども，文の構造というのは決してこれに尽きるというものではない。たとえば，与えられた文をいくらにらんでいても，そこからだけでは十分な，正しい解釈が得られないという場合が数多く存在する。

たとえば，次の (4) である。

(4) a. John is eager to please.
（ジョンはみんなに気に入られることばかり考えている）
b. John is easy to please.
（ジョンを喜ばせるのは簡単だよ）

この場合，問題なのは (4b) のほうである。(4a) の場合，eager という be 動詞の補語は主語の性質を述べているもので，He is careful in his work.（彼は慎重に仕事をする）などと選ぶところはない。が，(4b) の easy は同じく be 動詞の補語であっても，主語 John の性質を表しているものでは決してない。(4b) の意味を正しく理解するためには，それが次の (5) とパラフレーズ関係にあることを知らなければならない。

(5) It is easy to please John.

この場合，依然として残る問題は，やや変則的な (4b) の形がどのようにして得られたかということである。答えは，(4b) と (5) とを比べることによって分かるように，(4b) は (5) の主語 it を please の目的語 John によって置き換えることによって得られる。奇妙であると言うしかない。が，事実として，英語の母語話者は (4b) の形をみるとそれが (5) の意味であるということが分かるのである。(5) の it が無内容形式主語であることはよく知られている。

それを文頭という大事なところに，いわば，のんびり置いていたのでは，情報伝達上，遅れをとるおそれなしとしない。そこで，情報伝達上，最重要と考えられる John を文頭へ置いてしまった，としてみる。すると John が，もと占めていた場所は空となり，最終的に残るのは (4b) の形となる。母語話者の認知技能という角度からみると，(4b) と (5) とは，どこかで，自動的に通じているということである。ところが，(4a) ではそういうことを考える必要がまったくない。

そうなると，(4b) におけるように，その意味解釈が (5) のような根底にある構造を必要とするのは，限られた種類の形容詞が補語として用いられている場合のみではないか，と思われてくる。そのとおりである。難易を表す形容詞，たとえば easy, difficult, tough（骨のおれる）などがその代表である。次の (6) と (7) をみることにしよう。

(6) a.　It is difficult to read the book.
　　　　（その本を読むのはむずかしい）
　　b.　This book is difficult to read.

c.　The book is difficult.（その本はむずかしい）
(7) a.　It is dangerous to swim in this river.
　　　　（この川で泳ぐのは危険だ）
　　b.　This river is dangerous to swim in.
　　c.　*This river is dangerous to swim.

この場合，(6a) から (6b) が導きだされるのは，easy の場合と平行的である。この場合，さらに to read を省略することができる。to read を省略しても意味の違いが生じないのは，本が本来「読むためのもの」であるからである。したがって，(6c) ははじめからこの形で，すなわち，(6b) の省略形としてではなく，存在しうるものである。(7) の例について注意すべきは，(7b) の文末にある in である。(7a) の it を this river で置き換えると，文末には当然 in が残る。が，「この川は泳ぐと危ないよ」という日本語から出発すると，in のない非文法的なる (7c) が得られることになりかねないのである。

　上の難易構文とは異なるが，やはり，文頭の it を他の要素で置き換えることによって得られる構文がある。次の (8), (9), (10) をみることにしよう。

(8) a.　It seems that she is very intelligent.
　　　　（彼女はとても賢そうだ）
　　b.　She seems to be very intelligent.

この場合，(8b) はそのままの形で解釈可能ではあるが，その意味構造という観点からみれば，「...らしい」という述部に対する主部は「主語＋述語」という形を備えているもの，つまり，(8a)

の that 節の形ということになるであろう。この場合, that 節の中の主語を文頭の主語 it に, いわば, 代入していることになる。

次の (9) も同じように考えてよい。

(9) a. It seems that there will be another rain.
(またひと雨きそうですね)
b. There seems to be another rain.

この場合も, there が文の主語として機能している点を見落としてはならない。

次の (10) は, that 節の中に過去形を含む場合である。

(10) a. It seems that he broke the camera.
(彼はカメラを壊したらしい)
b. He seems to have broken the camera.

この場合, 完了不定詞は定形の過去形にも対応するという知識が役立つ (第 2 章 p. 8 を参照)。

次の (11) はちょっと複雑な例である。

(11) a. It seems that he can't solve the problem.
(彼にはその問題は解けなさそうだ)
b. He can't seem to solve the problem.

(11b) の場合, can を seem の後にすえることはできないし, can を seem の前に置くと否定辞 not は can につけなければならないというようなことがあって, (11b) の形が生じたものと思われる。

最後に, appear を含む例を (12) として加えておくことにし

よう。

(12) a. It appears that there is a misunderstanding about it.
   (それにはなにか誤解があるようです)
   b. There appears to be a misunderstanding about it.

【参考】

まず次の (i) と (ii) を比べてみることにしよう。

(i) John expected the doctor to examine Mary.
   (ジョンは医者がメアリーを診察するだろうと思っていた)
(ii) John persuaded the doctor to examine Mary.
   (ジョンは医者を説得してメアリーを診察させた)

ここで注意すべきは，(i) も (ii) も文の構成要素という点からみれば，次の (iii) の形をしており，違いはないということである。

(iii) John＋述語動詞＋名詞句＋to 不定詞

しかしながら，(i), (ii) に添えた日本語からも察せられるように両者の間には大きな統語上・意味上の違いがある。

この違いを最も明白な形で示すには括弧区分を用いるのが有効であると思われる。次の (iv) と (v) は，それぞれ (i) と (ii) の括弧区分を部分的に示したものである。

(iv) expect [the doctor to examine Mary]
(v) persuaded [the doctor] [to examine Mary]

(iv) と (v) の最も大きな違いは，expected の目的語となっている部分が内容的には文であるのに対し，persuaded の目的語は名詞句 the doctor と不定詞句であるという点である。(v) におけるように，

目的語に当たる部分が内容的に文であるならば，その部分全体を受身形にすることができる。それが，次の (vi) である。

    (vi)   John expected Mary to be examined by the doctor.

ちなみに，(v) の受身文は次の (vii) である。

    (vii)   The doctor was persuaded to examine Mary.

ただし，(iv) において the doctor が expect の目的語であると感ぜられる場合もあり，その場合は (vii) と同じ形になる。

第8章

あいまい性と不明確性について

　日本語の「あいまい性」に対応する英語は一般に ambiguous であるとされていると言ってよいが，vague が用いられることもある。ところが，英語における ambiguous と vague とは厳密に区別される。意味論の世界においては特にそうである。「あいまいな文（ambiguous sentence）」というのは「（明確に区別される）二とおりの解釈を許す文」の意で用いられ，「不明確な文（vague sentence）」というのは「いずれとも決めかねる，ぼんやりしたところのある文」の意で用いられる。具体的な例をみてゆくことにしよう。

　次の (1) は不明確な点を含んでいる文である。

(1)　Tom kicked the ball.（トムはそのボールをけった）

「ける」ためには必ず足を用いる。足を用いずにけることはできない。竹馬に乗ってボールをけることは確かにできる。が，その時は竹が足なのである。足でけるとなると，用いることができるのは右足か左足しかない。にもかかわらず，「どちらの足でける

か」ということに関する一般人の関心は極めて低い。どっちだってあまり変わりはないからである。「ける」(kick) を辞書でひいても「左足または右足を用いてける」という説明はどこにも見当たらない。左足または右足が脚光を浴びるのは，サッカーの決勝でゴールを決めたのはキャプテンの左足であった，というような場合である。ここで次の (2) をみることにしよう。

(2) Tom kicked the ball and so did Bill.
（トムがボールを蹴った。そしてビルもそうした）

このとき，仮にトムは左足で蹴り，ビルは右足で蹴ったとしてみよう。(2) の文はその場面的状況を正しく指し示す文として用いることができるであろうか。できる。kick という語が左足と右足とに関し，不確定であるからである。

今度は二とおりの解釈を許すあいまいな文の例をみることにしよう。次の (3) である。

(3) a. The curry was hot.
  b. そのカレーはからかった。
  c. そのカレーは熱かった。

問題は次の (4) である。

(4) The curry was hot and so was the tea.

理論上から言うと，(4) の文には次の (5) に示す四とおりの解釈が可能である。

(5) a. そのカレーはからかった。そして，その紅茶もから

かった。

b. そのカレーはからかった。そして，その紅茶は熱かった。

c. そのカレーは熱かった。そして，その紅茶はからかった。

d. そのカレーは熱かった。そして，その紅茶も熱かった。

組み合わせ方がもっとはっきりするように，これを整理して次の(6)に示す。

(6) a. からい―からい
　　b. からい―熱い
　　c. 熱い―からい
　　d. 熱い―熱い

この場合，(6b), (6c) は読みが直線的でなく，交差した形になっているので交差した読み (crossed reading) と呼ばれる。

こういう場合，英文の解釈に関しては，強力な，一般的な制約が課せられている。二つのあいまいな文が ... S_1 and so was S_2 の形で結合されると，交差した読みは許されないというものである。上の例で言えば，(4) の意味解釈で容認されるのは (6a) と (6d) だけであり，交差した読みの (6b), (6c) は許されないということである。

言語におけるこのような制約は，言語が備えている自衛手段の一つであると考えることができる。もしも既出 (4) のような例において交差した読みが許容されるとなると，話し手の意図した

意味は，意図したとおりには相手に届かず，コミュニケーションは断絶となる。なお，(4) に対する常識的な解釈は「両方熱い」という (6d) であるとしてよいが，(6a) の読みも理論的には可能である。カレー風味の紅茶を作ればよいからである。

ただし，どの単語が真にあいまいであるかということは，言語ごとに異なるので十分な注意が必要である。次の (7) をみることにしよう。

(7) a. *In New York, buildings are high and so are the prices.
  b. ニューヨークでは建物も高いが物価も高い。

この場合，(7a) は，ハーバード大学久野暲教授からの例であるが容認不可能であるという。理由は S_1 における high と，S_2 における high とが，同じ意味でないからであるとされる。つまり，建物についていう「高い」と物価についていう「高い」とは，high のもつ「異なる二つの意味」であるということである。そう思って (7a) を読むと，確かに一種の違和感が感ぜられる。おどけてちょっとふざけているという感じである。いってみれば，物価が空中高く舞い上がっている感じといったところか。これに対し，(7b) の日本語のほうはどうであろうか。確かに漫才や落語の世界に通ずるある種の「おどけ」を認めることはできるように思われる。けれども，high（高い）に認められる二とおりの意味を区別する潔癖さということになると，英語のほうがより厳しいという感じがする。ことばに関する規律といったことに関しては，どうも日本語は大まかでおおらかなようである。

意味上のあいまい性と並んで見過ごすことのできないものに，

第8章 あいまい性と不明確性について　71

統語上のあいまい性（syntactic ambiguity）がある。統語上のあいまい性というのは，同じ単語の連鎖が二とおりの統語的な解析を許す場合をいう。次の (8) はその最も簡単な例の一つである。

(8) They are visiting professors.

この場合，(8) の文が，統語上，二とおりの分析を許すものであることは，じっとにらんでいるだけでも分かるであろう。この文には，一種の「だまし絵的要素」が含まれているといってもよい。ここでは次の (9) と (10) とに分けて，分析的な説明を試みることにしよう。

(9) a. He is a professor.
　　　（彼は教授だ）
　b. He is a visiting professor.
　　　（彼は客員教授だ）
　c. They are visiting professors.
　　　（彼らは客員教授だ）
(10) a. He visits a professor.
　　　（彼は教授を訪問する）［説明の便宜上，現在形を用いる］
　b. He is visiting a professor.
　　　（彼は教授を訪問しているところだ）
　c. They are visiting professors.
　　　（彼らは教授を訪問しているところだ）

この場合，(9a) と (10a) とは，明らかに異なる。ところが (9c)，(10c) では同じ形となっている。(9a) は「主語＋be 動詞＋補語」の構造であり，主語を3人称複数形に変え，professors の前に形

容詞用法の現在分詞 visiting を加えると，(9c) が得られる。他方，(10a) は「主語＋他動詞＋目的語」の構造文であり，述語動詞を現在進行形に変え，主語と目的語を複数形にすると (10c) が得られる。are visiting を「be＋形容詞用法の現在分詞」と解するか，現在進行形と解するか，ということである。

次の (11) も，構造上のあいまい性を含んでいる例である。構造上のあいまい性は「構造上の同音異義 (constructional homonymity)」と呼ばれることもある。

(11) a.　Flying planes can be dangerous.
　　 b.　飛んでいる飛行機は危険なことがありうる。
　　 c.　飛行機を飛ばせることは危険なことがありうる。

この場合，flying planes を「形容詞用法の現在分詞＋名詞」と解すれば (11b) の意となり，「動名詞＋目的語の名詞句」と解すれば (11c) の意となる。

もう一つ，構造上の同音異義構文のやや込み入った例を次の (12) に挙げておくことにする。

(12)　What disturbed John was being disregarded by everybody.

この文は二とおりに解することができる。それを示しているのが次の (13a) と (13b) である。

(13) a.　ジョンが気にしていたことは誰からも無視されていた。
　　 b.　ジョンが気にしていたのは彼のことを気にかけてく

れる人が誰もいないことであった。

　この場合, (13a) と (13b) の解釈がどのようにして得られるか, ということに関してはやや入り組んだ説明が必要であろう。いずれの場合も, 主部に関する説明と, 述部に関する説明の両方が必要である。

　まず, (13a) の場合, (12) の文頭を占めている what は that which でパラフレーズすることができる意味, すなわち, 「...するところのこと」, 「...するところのもの」を意味する。やや割り切って「ジョンの心配事」と考えてよい。その心配事が「みんなに無視されていた」というのであれば, 述部は単に was disregarded by everybody でよい。けれども, それが進行中であることを強調するために, was being disregarded by everybody のように受身構文を進行形にしたのである。

　これに対し (13b) に対しては特に注意すべき点が二つある。一つは主部の what disturbed John である「ジョンの心を悩ませていたのは」と訳せばよい。日本語の「...のは」に当たる what である。What he wanted to buy is a Christmas gift. (彼が買いたいと思っていたのはクリスマスの贈りものです) のように用いられる。この what は that which を意味する関係代名詞 what とはまったく異なる。やや専門的には疑似分裂文 (pseudo-cleft sentence) を導く what と呼ばれるけれども, その機能があまりにも特別であるため, 一般の辞書では扱われていないことが多い。扱われていても不備であることを免れないであろう。

　残る問題は was being disregarded by everybody という述部である。この述部のポイントは, being disregarded by everybody が動名詞，つまり名詞句であるという点にある。ただし，受身形の動名詞である。したがって，(13b) の意味における (12) は This is a pen. と同じ構造であることになる。

【参考】

英語には分裂文 (cleft sentence) の名で呼ばれる構文がある。これは文中の一部の要素，とりわけ，名詞句と前置詞句に焦点を当て，そこを強調するための構文である。そのため，強調構文の名で呼ばれることもある。当然のことながら，強調される部分にだけ，光が当てられるのであるから，それ以外の部分は後景に押しやられ，話し手にも，聞き手にも既知である旧情報として扱われる。

次の (i) からみてゆくことにしよう。

(i) a.　John wanted to buy a Christmas gift.
　　　　(ジョンはクリスマスギフトを買いたいと思っていた)
　 b.　It is John that wanted to buy a Christmas gift.
　　　　(クリスマスギフトを買いたいと思っていたのはジョンです)

この場合，(ib) が分裂文の例であり，it is の直後の位置が焦点の位置である。文強勢もそこに置かれる。wh 疑問文，たとえば，Who wanted to buy a Christmas gift? に対する答えであるような場合には，(ib) の that 以下は全部省略されることもある。もし (ia) の既知部分が John wanted to buy something. である場合は，その既知部分を what 節で表すと次の (ii) に示す疑似分裂文が得られる。

(ii)　What John wanted to buy is a Christmas gift.
　　　(ジョンが買いたいと思っていたのはクリスマスギフトです)

この場合は，what 節が既知情報を表し，be 動詞のあとが焦点の位

置となる。

　分裂文の焦点の位置に生じている要素には，日本語の「が」に相当する意味を表している場合がある。上の (ib) は「ジョンこそが，クリスマスギフトを買いたいと思っていた人です」と訳してもよいものである。

　この種の「が」は一時，ラジオをにぎわせていたことがある。サッカーの試合の結果をはじめてラジオで報ずる場面においてであった。たとえば「なでしこジャパンは昨夜オーストラリアと対戦しました。なでしこジャパンが」と，ここまでラジオを聞いたとする。あとを聞かずにどこまで勝敗を予測することができるであろうか。95 パーセントくらいまでは予測可能である。「が」ときたら，なでしこジャパンの勝ちなのである。この「が」は，分裂文に直せば It's Nadeshiko Japan that won the game three to one. などとなるべきものである。もしもこの「が」が「は」となっていたら，そのときは，通例，引き分けか日本の負けという場合である。

　John and Mary are married. はあいまいである。一つの意味は「ジョンとメアリーは夫婦である」，もう一つの意味は「ジョンもメアリーも既婚者である」である。ところが John and Mary are both married. とすると「ジョンもメアリーも共に既婚者である」の意味のみとなる。わざわざ both が付け加えられているのだから「ジョンとメアリーは夫婦である」という意味ではないのだな，という計算が行われるのではないかと思われる。John and Mary are married to each other. とすれば「ジョンとメアリーは夫婦である」という意味にしかならない。なお，「ジョンはスーザンと結婚した」は John married Susan. よりは，John got married with Susan. のほうが普通である。

第9章

形容詞について

1. 形容詞のもつ相対性について

　形容詞というのは，くみしやすい品詞であると思われがちであるが，よほど気をつけていないと思わぬところでつまずくことになる。まず，最も代表的な形容詞を挙げよ，と言われたら，どうなるであろうか。そこから考えてゆくことにしよう。

　それほど多くの例を必要とはしない。身近な例から拾ってゆくと，old, young, tall, short, big, small, long, wide, narrow, deep, shallow などがすぐ得られる。こうして少数の形容詞を並べてみるだけでも，さまざまな問題がいっせいにふきだしてくる感じがする。一般に，通常の形容詞は相対的といってよい意味をもっている。たとえば，big（大きい）というのは，どのくらい大きければ「大きい」といえるのか，数字できっちり示すことができるような基準はない。仮にあるとしたら，極めて不便なことになる。メジャーを忘れてきたら，会話で形容詞を用いることは諦めなければならない。

このちょっといい加減なところが形容詞の命である。通例の形容詞の前には相対的な評価を示す「比較的」とか「どちらかといえば」という修飾要素がついていると思えばよい。「大きな犬」というのは「比較的大きな犬」ということである。では，その「比較的」というとき，比較の対象として考えられているのは何であろうか。それは「人間」である。人間は言語を創造した。現在でも人間を他の動物から区別している最大の特質は言語である。その言語がさまざまな点において人間中心的に造られているのは，あまりにも当然である。地震や津波を「災害」とするのも，その一例である。害虫，雑草，毒虫，毒蛇なども相手の立場に立ってみれば別の景色がみえてくるはずである。

　形容詞の表す意味は，一般に，相対的，比較的なものである旨を述べてきたが，このこと自体についてもいくつかの注釈が必要である。たとえば，perfect（完全な）という語は，厳密に言えば，極限の一点を示す語で「より完全な」というような相対化を許さない語である。「完全な状態により近い」という意味でなら more perfect と言えないことはないが，不用意に用いることは避けるべきであろう。科学の図形に由来する形容詞，たとえば，circular（円形の），triangular（三角形の）なども同様である。名詞に由来する多くの形容詞，たとえば geographical（地理学の），northern（北の），anthropological（人類学の），syntactic（統語論の），semantic（意味に関する，意味論の），mathematical（数学の）等々，いずれも相対的な比較は許さない。

2. 原級・比較級・最上級について

　相対的な比較を許す形容詞，たとえば，old などには old, older, oldest のように原級，比較級，最上級の別がある。その形容詞によって表される性質の度合いが原級，比較級，最上級の順に高くなり，最上級が最も高い値を示すと考えるのは大きな誤りである。次の (1) からみてゆくことにしよう。

(1) a.　John is old.
　　　　（ジョンは老人だ）
　　b.　John is older than Tom.
　　　　（ジョンはトムより年長だ）
　　c.　John is older than any other boy in the class.
　　　　（ジョンはクラスの誰より年長だ）
　　d.　John is the oldest boy in the class.
　　　　（ジョンはクラスの中で最年長だ）

この場合，ジョンが 75 歳以上であるならば，もちろん，(1a) を用いることができる。が，ジョンが 30 歳であったら，(1a) を用いることはできない。けれどもジョンが 10 歳，トムが 5 歳なら正当に (1b) を用いることができる。(1c) には比較級，(1d) には最上級が用いられている。けれども両者は同義である。しかも最上級を用いた文は，ジョンが 20 歳であっても正当に用いうる文である。政治家などがよく「いまはベストを求めるべきではなく，ベターで我慢すべきである」というようなことを口にすることがあるが，これは半可通と言われてもしかたがないであろう。「ベスト」は，それよりちょっとでも「ベター」なものが現れれ

ば，その瞬間に「ベスト」の地位を失うのである。

形容詞には「無標な」(unmarked) なものと，「有標な」(marked) ものとがあるという点にも注意が必要である。old は無標，young は有標である。long は無標，short は有標である。相手の年齢を尋ねるとき How old are you? とは言うが，How young are you? とは言わない。橋の長さを尋ねるときにも How long is the bridge? とは言うが，How short is the bridge? とは言わない。こういう場合には無標の形が用いられるのである。疑問文に用いられる old は「老齢である」という意味ではなく「生まれてからの年月がどのくらい経っているか」の意である。疑問文に有標の語，たとえば young が用いられると，あらかじめ相手が若い人であると分かっていることを示すことになる。

3. 前位の形容詞と後位の形容詞

形容詞には前位のもの，すなわち，名詞の前に用いられるものと，後位のもの，すなわち，名詞の後に用いられるものとがある。両者の間に，一見，意味上の違いはないように思われがちであるが，そうではない。見落としてはならないニュアンスの違いが存在するのである。

一般に前位の形容詞は，問題となっている名詞の，いわば，恒久的な，つまり，一時的ではない特性を示す。前位の形容詞を修飾する副詞的修飾語句は，その形容詞の前に置くしかない。たとえば，a very tall boy（とても背の高い少年）とか，an extremely big dam（とてつもなく大きなダム）など，通例，この副詞的修飾語句は 2，3 語を超えて長くのびることはない。「副詞的修飾語句

＋前位の形容詞」が長くなりすぎると中心語の名詞にたどりつくまで，いわば，息切れがして，文構造がばらけてしまうおそれがあるからである。

前位の形容詞は恒久的な特性を示すとしたが，この点は一般に，一時的な性質を示すと考えられている現在分詞による前位修飾要素に関し，再考をうながすことにもなる。（前位修飾要素が -ing の形をしていると，それは現在分詞なのか，動名詞なのか，すぐ問題になるがここではあえて立ち入らないことにする。）たとえば，the running water（水道）は「流れている水」という進行中の動作と結びついている感じがするが，本来的には「器に入れられ，よどんだ状態にある水」とは異なり，「コックをひねれば，いつでも流れている状態を呈するという特性をもつ水」と解すべきであろう。a barking dog は「ほえている犬」で差し支えないが，A barking dog never bites.（ほえる犬はかみつかないものだ）となると「ほえてばかりいる犬というものは」という特性的な含みが前面にでてくる。a sleeping baby も「眠っている赤ちゃん」でよいが，「眠るのが商売のような赤ちゃんがいまその状態にある」というニュアンスを感ずる。Sleeping Beauty「眠れる美女」も「ただ眠っている」だけではないであろう。「眠っている状態から解放されることを許されない」という特性と結びついていると考えられる。

逆に言うと，一定の特性と結びつくことのない現在分詞を前位修飾語として用いることはかなり困難であるということになる。「このあたりで歩行者を見かけませんでしたか」というつもりで Did you see a walking man around here? ということは，できないだろう。「部屋に入ったら，眠っている男の人がいた」と言

うつもりで On entering the room, I found a sleeping man. と言ったとしたら，なにやら不気味な感じがするのではないか。a jumping jack（糸で動くあやつり人形）は「はねている人形」ではなく「はねることを特性とする人形」，すなわち，「あやつり，とびはねることを特性とする人形」の意である。従来，a dancing teacher は二とおりにあいまいで，「踊っている先生」という意味と，「踊りの先生」の意味があるとされてきたが，「踊っている先生」という意味の具体例はあまりないのではないか，という気がする。

過去分詞の場合も同様で，a broken chair は単に「壊されたいす」の意ではなく「使いものにならなくなった壊れいす」の意である。spoken English も「話された英語」ではなく「話しことばとしての英語」の意である。written English も「書かれた英語」ではなく「書きことばとしての英語」つまり「書記英語」の意である。他方，日本語では「殺された男」という表現は「殺された男は年齢23，4歳，身長170センチくらい…」のように使用可能であると思われる。が，これを英語で a killed man ということはできない。やや不思議なことに，これに副詞 mercilessly を加え，a mercilessly killed man「残忍な殺され方をした男」とすると容認可能となる。これも副詞を加えることによって名詞の前位修飾要素に要求される主要語名詞の恒久的，分類的特性を述べるという機能が満たされるに至るからであると思われる。

4. 後位修飾要素について

英語の場合，名詞の修飾要素は，前位のものと後位のものとに

分かれる。これに対し，日本語では後位の名詞修飾要素というものがない。これは英語と日本語との間における実に大きな違いである。この違いは単に修飾要素の占める位置が異なるというにとどまらない。おそらく，最も重要な違いは，記憶の負担量に関するものであると思われる。英語では，時制や場所の規定を伴う名詞の修飾要素は必ずといってよいくらい後位をとる。日本語では，すべて，前位をとるしかない。すべてが前位をとるしかないとなると，それだけ記憶負担量が大きくなることを意味する。中心語である名詞に先行する部分は中心語である名詞に至りつくまで，記憶にとどめておく必要を生ずるからである。

　たとえば，毎日ラジオから流れてくるニュースの一つにドル円相場がある。「1ドルは前日より1円32銭安い94円68銭です」といったものである。この場合，昨日より1円32銭安いという部分が余計な記憶の負担を強いている。より重要なのは今日の値段であろう。したがって，まず「本日は1ドル94円68銭です」と言い，副次的，付け足し的情報は「これは昨日より1円32銭安くなっています」と付け加えればよい。極めてまれにではあるが，こういう言い方が流れてくることもないではない。そういうとき，人々は心の安らぎを感ずるはずである。

　では，英語における前位の形容詞と後位の形容詞との違いはどこにあると言えばよいであろうか。まず，長さに違いがある。長さの制約をより強く受けているのは前位の形容詞である。一定の長さを超えると話し手も聞き手も短期記憶の負担に堪えられなくなるからである。これに反し，後位の形容詞には，理論上，長さの制約はない。文体上のしまりがなくなるということを除けば，たらたらと続けることができる。

第9章　形容詞について

　もう少し実質的な面に目を向けると，時制を含む表現は後位の形容詞的修飾語句には生ずるが，前位の形容詞的修飾語句には生じないということがある。逆にいうと，後位の修飾要素は時制を伴っていなくても潜在的には時制と結びついている表現に拡張できる可能性をもっているということである。これは前位の修飾要素とは異なり，後位の修飾要素は現実の場面的状況と結びつきうるということを意味する。言ってみれば，英語という言語に名詞の修飾要素を二つの振り分け荷物に分け，名詞の前には「恒久的なもの」，後には「一時的なもの」を配しているという形になっている。当然のことながら，日本語ではこの芸当ができない。以下，具体的な例をいくつかみてゆくことにしよう。

　通常の形容詞，たとえば old, big, long などは，前位専用で後位の用法はない。が，accessible, available, possible などには，前位用法も後位用法もある。後位用法の場合は，あとに under the circumstance（目下のところ，現状では）が，含意されていると思えば理解が得られやすいと思われる：the only route accessible（使用可能なただ一つのルート）/ the only room available（使用可能なただ一つのお部屋）/ I'll do everything possible.（できる限りのことをしましょう）。「一般に目に見える星」つまり「可視星」（6等星以上の星）は visible stars というが，「今晩目に見える星」の場合は stars visible tonight となる。「航行可能と言われている河川」は navigable rivers でよいが，「雨季になると航行可能な河川」だと rivers navigable during the rainy season のように，後置用法を用いる。

　関係代名詞節は後置修飾用法の代表的なものであるが，従来見落とされがちであった二つの面に留意すべきであると思われる。

一つは，主要部名詞を時制を伴っている世界，すなわち，現実世界に結びつけ，時空の制約を伴う世界の一点に定位する働きをもっているという点である。もう一つは，情報の価値という側面からみた場合における関係代名詞節の位置づけに関してである。一言でいえば「主要部名詞＋関係代名詞節」という構造が与えられている場合，関係代名詞節が担うのは旧情報である。たとえば，The car he bought yesterday was stolen.（昨日彼が買った車が盗まれた）という文の場合，話し手が相手に訴えたいと思っている情報の最も重要な部分は「彼の車が盗まれた」という部分にある。「その車を，どこで，誰から，いくらで買ったかとか，車種は何であったかとか，代金はどのようにして調達されたかとか」というようなことは，この場合，二次的，付随的情報であり，情報の価値としてはワンランク下のものということになる。

　もしも，人あって，枝葉末節だけを得々と述べたてるというようなことがあったとすると，「早く結論を言え」と言われることになる。

　われわれ日本人が書くエッセイやレポートに関し，一般に寄せられる批判の一つは「結論を先に言え」というものであろう。これは比喩的に言えば関係代名詞節の中身を構成する部分に関する言及のみ多く，肝心の「主要部名詞＋述語」への言及がぼやけているということである。

　「結論を先に述べる」ということは，日本語においても，もちろん，可能である。が，「結論を先に述べることをしない日本人」という批判が，ほぼ定着するに至っているということの背後には日本語と英語とが言語としてもっている文法組織構造にも，一半の責任があるように思われる。英語には，相手にとって新情報で

あることを示すための文法組織が豊かに整っている。それを代表しているのが不定冠詞などである。さらに，文の主語は文成立のための必須条件であるが，その主語は原則として旧情報を示すという鉄則がある。これらは日本語においてはすべて欠落している。

わずかに「は」，「が」の巧みな使用によって新・旧情報の区別がなされているということになる。が，英語と比べると大らかにすぎるという感をまぬかれがたい。結局のところ，日本語においても，新情報・旧情報の区別があることはもちろん，結論を先に述べることも当然可能ではあるが，英語と比べ言語としての組織構造の支えが弱体である以上，各個人の意識的努力を必要とする度合いは高くなるということであろう。誤解を避けるため言い添えておくなら，以上は情報構造に関する私見を述べただけのもので，総体的な言語の優劣はおのずから別の問題である。

【参考】

前位修飾語の中にもあいまいな構文がみられる。たとえば，次の (i) である。

(i) small children's shoes

この表現には次の (ii) に示す二とおりの意味がある。

(ii) a. 「小さな子ども」用のくつ
b. 小さな「子ども用のくつ」

この場合，問題の中核は children's shoes のところにある。この場合の children's は所有の意味を表さない。所有ではなくて，次にくる名詞の性状や用途を示す。所有形的であるよりは形容詞的・記述

的である。「記述の属格」(descriptive genitive) の名で呼ばれることがあるのはそのためである。

　記述の属格は，次にくる名詞と固く結合して複合語的な振る舞いを示す。その前に形容詞や冠詞が付加されると，その形容詞や冠詞が直後の所有形と結びつくことはない。それらは所有形を飛び越え，中心語の名詞と結びつく。

　次の (iii) をみることにしよう。

   (iii) a.　a children's book（子ども向けの本）
      b.　a new children's book（新しい子ども向けの本）
      c.　*a children's new book

これに反し，通常の所有を示す所有形は，次の (iv) に示すような振る舞いをする。

   (iv) a.　John's cottage（ジョンの山小屋）
      b.　my father's old cottage（父の古い山小屋）

記述の属格と，所有を示す所有形の違いはすでに明らかであろう。

　以上の説明で説明しきれていない点が一つ残っている。それは，(iia) の解釈である。が，これは children's shoes（子ども用のくつ）における children が拡張されて small children になったものと解すれば済む。

　ここまで理解が進めば，応用問題といってもよい次の (v) は難なく理解されるであろう。

   (v) a.　a women's college（女子大学）
      b.　an old women's college（古い女子大学）

この場合，(va) は記述の属格の例である。不定冠詞 a は women's にではなく，college にかかる。(vb) の old は women's にではなく college にかかる。が，(vb) は理論上，二とおりにあいまいである。

残るもう一つの意味は「老婦人大学」，すなわち，「老婦人だけがゆく大学」である。これは women's の women を old women に拡張して得られたもので，上の (iia) と平行的なものであることになる。

ついでに，名詞の後位修飾要素が関わるあいまいな構文を一つ加えておく。次の (vi) である。

 (vi) John hit the man with a stick.

この文は次の (vii) に示す二とおりの解釈が可能である。

 (vii) a. ジョンは，その男を棒でなぐった。
   b. ジョンは棒を持っていた男をなぐった。

この場合，(viia) の with a stick は道具を示し，(viib) の with a stick は the man にかかる後位の名詞修飾語句である。長い文になると，たったこれだけの区別につまずくことが十分にありうるのである。

第 10 章

英語とはどんな言語か

　昔は中学 1 年ではじめて英語に接した。驚きであった。「それは　である　1 冊の本」,「ネコは　とらえる　1 匹のネズミを」と言わなければならないというのである。だが, その驚きは, 実際上, あまり長くは続かない。というより, 驚いている暇がすぐなくなる。大きな驚きの波があとから, あとから, ひっきりなしに押し寄せてくるからである。

　気がついてみると,「「英語ってどんな言語ですか」と問われても, 皆目見当がつかない」という状況になっているのではないか。

　比べるとしたら, 相手は日本語である。日本語と比べると, 英語とはどんな言語ですか, となる。が, やはり答えは出てこない。日本語がどんな言語であるのか, あまり考えたことさえなかったことに気づくからである。実際, ここまできて「英語とはどんな言語ですか」という, 一見, 無難な問いが, 実はかなりの難問であることが分かるのである。

　英語の特性を表した有名な言葉の一つにイェスペルセンの評言がある。「英語とは, 男性的な言語である」というものである。

第10章　英語とはどんな言語か

「確かにそうだ」と私も思う。が，証拠を示せ，と言われるとイェスペルセンともどもも，はた，と困る。が，「英語とは，どんな言語か」という問いに対する答えを実証的な論拠を伴った形で用意することは不可能に近い，ということだけは明らかとなったと言ってよい。となると，英語という言語の特徴は，結局のところ，印象的，比喩的な評言で述べるしかなく，それに二，三の具体的な例を添えることができるなら，もって瞑すべし，ということになるであろう。

では「英語は男性的な言語である」という表現に加えて，ほかのどのような比喩的表現が可能であろうか。筆者が，従来から用意し，主張してきたのは次の3点である。一つは，「英語という言語が日本語などに比べ，不親切な言語である」という点である。二つめは「大人の言語である」という点である。三つめは「英語という言語が箱根の寄せ木細工よろしく，かっちりした構成体であるのに対し，日本語のほうは友禅流しよろしく，ゆらりゆらりと気ままである」というものであった。

結局，男性的であるとされる英語という言語は，少し具体的にみてゆこうとすると，互いに矛盾しない三つの側面が浮かび上がってくるということである。男性的という三角錐（さんかくすい）が三つの側面をもち，三つの特性を示していると考えてよいであろう。

英語が日本語などと比べ，はなはだ不親切な言語であるという側面は，男性的であるという特性と，いわば，表裏一体をなしているものである。言わなくても済むかなと思われるものは，みんな省いてしまう。それが最もはっきり現れるのは文と文とをつなぐ接続詞の省略であろう。二つの文が連続して生じている場合，意味の上から，そのつながり方が and であるか，but であるか，

therefore であるか明らかである場合，これらの接続詞は，通例，表現されない。それらをいちいち表現すると，文体がゆるみ，しゃっきりしなくなる。ただし，英語の構文を日本語に記すような場合には，原文にない接続詞を補わないと日本語にならない。

　情報構造に関しても，英語は不親切な言語であるといってよい。英語の情報構造は限定詞の体系に大きく依存している。定冠詞の the は「話し手にとってはもちろん，聞き手にもそれと分かるものを指す名詞」につく。不可算名詞にも可算名詞にもつく。可算名詞の場合，単数形でも，複数形でもよい。不定冠詞 a, an は単数可算名詞につく。この場合，不定冠詞は特定的用法，すなわち，「話し手にはそれと分かるものを指す場合」と非特定的用法，すなわち，「話し手にもそれと分からない場合」とがある。

　留意すべきは，話し手や聞き手にそれと分かるとか，分からぬとかいう判断は，すべて，その文を解釈しようとしている聞き手や読者の判断に任されているという点である。何に基づいて読み手はその判断を下すのかというと「文脈に基づいて」である。それがうまくできないようなら，冠詞は使いこなせないということになる。われわれ外国人にとって最後までうまく使いこなせないのは冠詞であるとよく言われるが，それは英語が不親切な言語であるからであるということになるであろう。このことは「は」と「が」の適切な使用によって，旧情報・新情報の区別が，かなりの程度までできる日本語と比べると一層明らかとなるであろう。このような観点からすると，議会における演説や発言には，使用言語が日本語であることを考慮に入れても不要であると思われる接続詞の多用が目に余るように思われる。代表的なものに，「また，そして，したがいまして」などがある。中でも「したがいま

して」は，願い下げにしてほしい語である。

　逆にわれわれが英語で論文や報告書を書こうとする際，くれぐれも留意すべきはパラグラフの出だしを and や but, therefore などで始めることをしないことである。これをすると，そのパラグラフは死んでしまうくらいに思っていてちょうどよいであろう。文頭に用いる Thus（たとえば）は，例外的である。文頭でないところには，however, therefore, for instance, nevertheless, on the contrary, on the other hand, moreover などを置くと急に英語らしい英語になる，ということも心得ていてよいことの一つであろう。

　文自体の情報構造に関しても，英語は不親切な言語であるといってよい。印刷された英語の文章はただ英語の単語が並んでいるだけである。それぞれの単語に一定の意味があることは承知している。それぞれの文は，必ず，相手に伝えたい内容をもっているはずである。話し手のほうで相手はまだ知っていないと考えている情報，すなわち，新情報を含んでいるはずである。というより，新情報を含まない発話は，会話のおきてによって禁じられているのである。新情報を少しも含まない発話を繰り返す人は「くどい人」，「つまらない人」，「退屈な人」などのレッテルをはられ，一種の社会的制裁を受けることになる。

　では，その新情報というのは文中のどこにあるのか。文中に旗が立っていて，あるいは斜字体の部分があって「これより以下新情報」と合図してくれるなら有り難いが，そういうことはない。新情報を見極め，新情報として受け取るのは聞き手の役目なのである。

　一般に，英語の文は，文末に文強勢が置かれ，文強勢の置かれ

ている語句を含む構成素が新情報を表す。

　文頭のほうは,どうなっているのであろうか。概して言えば,文の主語は旧情報を表す。この旧情報が,その文のトピックを形成する。トピックというのは,一種のくいである。このくいに情報の流れというひもを巻きつけ,既知である旧情報で出発点を固め,徐々に新情報の世界に分け入ってゆくという仕組みである。旧情報と新情報との境目がどこにあるかということは常に明白であるとは限らないが,大体の見当ということで言えば述語動詞のあたりということになるであろう。

　比較的まれではあるが,主語が新情報を表すという場合もある。たとえば,次の (1) である。

　(1)　Suddenly a pretty girl came into the room.
　　　（突然,きれいな女の子が部屋に入ってきた）

この場合,主語の単数名詞は,当然,定名詞句ではなく不定冠詞を伴った不定名詞句である。述語動詞は広い意味の出現動詞 (verbs of appearance) に限られるといってよいであろう。

　ついでに言うなら,動詞が be 動詞であるような場合,主語が不定名詞句であることは,通例,許されない。たとえば,次の (2) である。

　(2)　*A box is empty. （箱は空です）

この場合,主語が旧情報を表す the box のような定名詞句であるなら,その性質や形状で述べる述部と結びつきうるが,不定名詞句の主語についてその形状を述べることはできないのである。ただし,当然のことながら定義文の場合はまったく事情が異な

る。たとえば，A box is a container.（箱って入れものだ）。

　以上，英語という言語が，不親切な言語である旨をさまざまな角度から述べてきた。それは，要するに，「必要最小限度のことは，きちんと言うが，あとは知らんぷり」といった態度である。話し手が言わずにいる分は聞き手のほうで判断し，補わなければならない。その点，英語というのは決してくみしやすい言語ではない。ちょっと気を抜くと，すぐ足をすくわれる。

　けれども，省エネ的といってもよい，話し手の側における，いわば，突き放した発話態度は，さまざまな危険因子を伴ってもいる。その最たるものは，話し手がその発話によって意図したとおりのことが相手に伝わっているかどうかという心配である。たとえば，定名詞句表現は「話し手にとってはもちろん，聞き手にとってもそれと分かるもの」を表すと繰り返し述べてきているが，「相手にもそれと分かる」ということは，何に基づいて推定しているのか，その査定が常に正しいという保証はあるのか。そんなことはない。したがって，話し手は相手がどこまで，自分の言わんとするところを理解しているか，絶えずチェックを迫られることになる。

　その結果，必要となってくるのが Do you know what I mean?（お分かりでしょうか），What I mean is ...（私が言いたいのは...），You see?（いいですか？），to put it another way（別の言い方をしますと），in other words（言い換えますと）等々のような談話標識（discourse marker）の名で呼ばれている一連の表現である。

　談話標識というのは，談話の流れを支える交通整理の役を担っているものであるが，見方を変えれば，相手の理解を助けるための思いやりと言ってもよいものである。これは大人的配慮にほか

ならない。余計なことは切り落として言わないというのと，相手に対する思いやりというのは，ともに，大人的なのである。

　英語が，箱根の寄せ木細工的である面をもっているという点については，「英語の文構造」に関する記述の中でも多少触れるところがあった。寄せ木細工的というのは，平面的な形で言えば，ジクゾーパズル的ということである。どのピースも，はまるべきところにはまり，離れ駒的余りがあってはならないということである。言語の優劣ということはおのずからまた別の問題であるが，以上述べてきたような英語の特性がそのまま日本語にもみられるとは言いがたいように思われる。

第 11 章

談話標識について

　すでに触れるところがあったように，談話標識（discourse marker）というのは，談話に関し，その，いわば交通整理という役目を担っている語句のことである。

　それは談話の一部ではない。すなわち，談話が成立するために必要な部品ではない。談話の中に埋め込まれ，外見上は談話の他の部分と変わるところはない。が，もしも，談話の流れの中にあって発話の一部を成しているのなら，交通整理という役目を担うことは，当然できなくなる。

　談話標識は，それ自体，二重構造になっていると言ってもよい。外見上は談話の一部を成しているようにみえながら，その機能となると，談話構造より一段上のレベルに立ち，談話の交通整理をしているという形になっているからである。文の要素ということから言っても，主語，述語動詞，目的語，さまざまな修飾要素のいずれにも属さない。箱根の寄木細工のように，きっちりとした英語の文構造には許されないとした離れ駒であるからこそ，かえって交通整理という大役を果たすはめとなっているのであ

る。談話標識の役目を果たしているものには，単語はもちろん，前置詞句も文も含まれる。8品詞の数を一つ増やすなどということで処理するなどということは，とうていできない。それほど，特殊なものである。

　特殊で，重要なものでありながら，不思議なことに，従来の英語教育では談話標識が正面切って取り上げられたことはほとんどなかったように思われる。理由がないわけではない。まず第一に，談話標識という交通整理が必要となってくるのは，談話構造が成立するに至ってからのことである。車がないところに交通整理の必要はない。つまり，談話標識というのは，英語力がしっかり身についたあとに生ずる問題なのである。われわれ外国人が，母語話者を相手として商取引や外交交渉に従事する場合，談話の交通整理などということに関してはそんなことに気を配っているゆとりなどなく，ほとんど丸投げの形で相手側にまかせたままであるといったところもあるかと思われる。

　ここで，談話標識を大きく三つの部分に分けて考えてみることにしよう。談話の頭の部分と，しっぽの部分と，真ん中の部分の三つである。交渉の全権が日本側に委ねられているような場合には，談話標識に関する心くばりも，当然，引き受けなければならないことになるであろう。そういう場合には，最もオーソドックスで，けれんみのない形を用いるしかないであろう。談話標識というのは，談話の中身に貢献する意味内容をもたず，談話がうまく進んでゆくのを助ける触媒のようなものであるのだから，そのことさえ承知しているなら，大きく間違えることはないはずである。

　母語話者なら Right!（よろしい）などと言って話の口火を切る

こともあると思われるが，無難なところでは，Well（ところで），Now（さて）などが多用されるのではないかと思われる。For a start（手始めに），To begin with（まず）などもありうる。いくつかの項目を順に並べてゆくつもりなら First, Firstly ということもありうる。この場合，Firstly のほうが，少し格式ばっているという感がある。講演のような場合であれば，What I'm going to speak this evening is ...（今晩お話ししたいと思っていますのは...）と言って始める場合もあれば，Do you hear me in the back? If it's too loud, do let me know.（うしろの方，聞こえますか。大きすぎるようでしたらどうぞそう言ってください）と言って始める人もいる。Let me begin by talking about ...（...ということから始めましょう）と言う人もいる。

談話を終了する合図として最も普通なのは Well（さて），Anyway（ところで，とにかく）であろう。ただし，これら2語は，談話を終了するのに特にふさわしいという語ではない。特に Well は談話標識としては万能といってよい語で，「ちょっと困った」という状況があれば，事情のいかんを問わず出動可能な語である。他方，Anyway のほうは，これも万能に近いが談話の流れを打ち切るか，流れの方向をちょっと変えたいというときによく用いられる。電話で長話しをしている最中，相手が Anyway と言ったら「あ，もう切るタイミングだな」と思うべきである。

談話の真っ最中に働く談話標識の機能は多彩である。通常，やや気づかれにくいことであるが，日英語の談話標識を比較して驚くのは英語における談話標識の多彩さと，その日本語における貧しさであるように思われる。英語の場合，どうして談話標識がそれほど多用されるに至っているか考えてゆくと，すでに触れると

ころのあった英語という言語の特質，すなわち，「英語は不親切な言語である」という特質，「英語は大人の言語である」という特質に至りつくように思われる。細やかな思いやりといった枝葉の部分を切り落とした形で談話を組み立ててゆこうとすると，当然，思い違いや言い足りないところ，説明不十分なところが絶えず出てくることになる。状況の査定をちょっとでも間違えれば，定冠詞を用いてはならないところに定冠詞を用いてしまうというようなことは決して珍しくないはずである。常に微調整が必要であるということになる。そういう役目を一手に引き受けているのが談話標識なのである。

　逆に，談話の流れが思っていたとおり，あるいは，思っていた以上にうまくゆくということもないではない。そういうときの談話標識は談話促進のための応援団と化する。「それだ，それだ。よしゆけ，よしゆけ」ということになる。

　そういう場面の合いの手に，どれだけ話し手がもっと話したいという意欲をかき立てられるか，計り知れないものがある。代表的な合いの手を少し拾っておくことにしよう。Exactly. (そうそう，まったくそのとおり)，Fine! (そう)，Good! (そう)，Great! (そうそう，やった)，Okay! (そうそう)，Right! (そうそう)，All right! (そうそう)，I see! (そうそう) 等々，これらの談話標識は聞き手が話し手のことばにしっかり聞き入っていることを示し，同時に，話し手の次のことばを促している。裏から見れば，問題になっているトピックに賛同を示すことによって，トピックがあらぬほうへそれてゆくのを防ぐ役割を果しているともいえる。

　話の途中で談話標識が果たしている役目は，実にさまざまである。が，最も重要なのは，話し手と聞き手とが，互いの，いわ

ば，立ち位置を確認し合うという機能であろう。問題となっている事態に関する理解が双方にとって満足すべきものであるか，という確認である。双方の理解が完全に一致しているなどということは，通例，ありえない。したがって，絶えず，微調整を必要とする。一見，なんでもないと思われる談話標識にも見落とされがちな調整機能のあることに留意すべきであろう。

最も頻繁に用いられる談話標識の例であるといってもよい You know. や You see? なども例外ではない。これらの表現は，日本語の「いいですか」や「いいですね」に当たるものとして簡単に片づけられることが多いように思われる。が，明らかにニュアンスの違いはある。You know のほうは，話し手が「これだけは，あるいは，ここまでのところは話し手と聞き手に共有されていると考えられる既知領域の再確認を求める」際に用いられるものである。これに対し，You see? のほうは，「ある事象に関し，情報上の不足が認められるというような場合，話し手がその不足分を穴埋めしてあげる」というような場合に用いられる。「あのね，ぼく，転んで背中痛めたの。で，一人では階段上れないんだよ」などと言うときが出番なのである。You see? Since I've damaged my back in that fall, I find it difficult to climb the stairs without help. など。

談話標識として，よく用いられるものを少し拾っておくことにしよう。to put it another way（別の言い方をしますと）とか in other words（ことばを変えて言いますと）などは，結局，談話内容の再確認をしていることになる。as I was saying（いまも申しておりましたように）などは，話題がそれてゆきそうになった場合，自分の意図していた筋道に話をもどそうとする際に用いることがで

きる。I mean（つまりですね）は，自分の言ったことを別のことばで言い直すときに用いられる。in fact（もっと言うなら）は論旨を具体的に敷衍してゆこうとするような場合，極めて有効である。

【参考】

1. 人がハンカチなどを落とした場合，注意を喚起する決まった言い方は日本語にも英語にもないようである。英語では Excuse me.（失礼ですが），Sorry!（すみません），Hello!（もしもし）などが用いられるようである。

2. 教授に呼びかけるとき，Professor Sledd（スレッド先生）はよいが，Professor! は不可。肩書きだけで呼んでよいのは医者の場合だけである。Is it serious, Doctor?（これ，相当悪いんでしょうか）など。

3. 先生が生徒に向かって Right!（よろしい）ということはできるが，生徒が先生に向かって Right! ということはできない。

4. 夕方のあいさつとして用いられるのは Good evening! である。Good night! は，通例，用いられない。Good night! が用いられるのは夜遅くか，寝に着く直前に限られる。

第 12 章

英語の音声とつづり字について

　英語のつづり字が不規則であるということは有名である。その不規則さは世界のトップレベルにある。その不規則さをやや自嘲的に示している例として，しばしば取り上げられるものに ghoti というつづり字がある。英語のつづり字法によれば，これを fish と同じく [fíʃ] と読むことができるというものである。

　英語のつづり字法がいかに不規則であるか，ということをただ笑うための例としては，なかなかよくできている。確かに laugh の gh は [f] と読むし，women の o は [i] 発音する。ti を [ʃ] と発音する例は nation をはじめ，たくさんある。

　ところが，この有名な例は，これで，いわば，行きどまりである。これが歴史上，有名なきっかけとなって大々的な英語のつづり字法改正に発展していったというような話は聞いたことがない。

　それには，もちろん，それなりの理由がある。笑い話としてはよくできているが，その背後には，通例，ほとんど，気づかれることのない大きな落とし穴がひそんでいるからである。それを証

明するのは，比較的簡単である。100 人なら 100 人の母語話者を被験者として，ghoti というつづり字を見せ，どう発音するか問うてみるのである。この形に初めて接した人で fish と同じように発音した人は一人もいなかったはずである。どうしてかというと，gh が [f] と発音されるのは laugh におけるように，それが語末に生じているときだけであり，o が [i] と発音されるのは women における場合だけであり，ti が [ʃ] と発音されるのは nation のような語の語末に限られているからである。つまり，問題となっていたような特別の発音はどこにでも生ずるというものではなく，特別な語の特別な位置に限られているということである。その限りで規則性をもっているということもできる。

　他方，英語のつづり字は現状のままで望みうる最適の (optimal) ものである，とする説がある。ほかならぬチョムスキー (N. Chomsky) の説である。その理由についてチョムスキー自身は多くを語っていない。が，最終的には一部の例外を除くなら，英語のつづり字法は極めて規則的であるというに尽きるであろう。が，この考え方にはいくつかの注釈が必要である。その注釈を便宜上二つに分け，外的な理由と内的な理由としてみることにしよう。

　外的な理由というのは，比較的簡単である。イギリスにおいても英語のつづり字をもっとまともで規則的なものに変えようとする運動は，世紀を越え，繰り返し繰り返し行われてきている。現行のつづり字法は，非能率的で，子どもの知能に対しても発達障害を引き起こしているかもしれないなどと考えられていた。が，イギリスにおけるつづり字改良の歴史は，すべて失敗の歴史であった。

第 12 章　英語の音声とつづり字について　　103

　それは裏返して言えば，つづり字改良不要論に強力な基盤を提供することになる。手ごわい感情的反対論もあった。イギリスで Queen のつづり字を，たとえば Kwiin に変えようとしたら暴動になるとまで言われている。『大英百科事典』(*Encyclopedia Britannica*) を全部新しいつづり字法で組み変えるなどということも考えると気が遠くなる。経済的負担など計算する気力さえなくなる。

　英語のつづり字法がほぼ固定化したのは 1700 年ごろであるとしてよい。その頃から 300 年あまりもの間，英語という言語は，言語としての役割を立派に果たしてきたといってよい。さまざまな非難や悪口を言われ続けてきたにもかかわらずである。そういう観点から英語を見直すと，「あばたもえくぼ」とまではゆかぬにしても，今まで，あまり気にも留めていなかった優れた点がいろいろ目につくようになる。それが英語の内的な長所ということになる。

　まず，英語の本を開いたとする。極めて大まかにいうと，短い単語と長い単語がある。短い単語というのはアルファベット字母で 3 個か 4 個以内のものが多い。人称代名詞，be 動詞，助動詞，前置詞など，主として文の骨格を整えるために用いられる。

　長い単語というのは，実質的な内容や抽象的な概念を表す語で，学術的な用語はほとんどすべてこの部類に入る。短い語と言ったのは，ゲルマン系の語であり，長い語と言ったのは，ギリシャ・ラテン系のものである。印刷された本のページに現れる単語を種類別にみると，長いほうの語が 6 割を占めると思われるが，使用頻度という面からみると 8 割くらいは短いゲルマン系の語が占めるという形になっている。どのくらいの割合が最適で

あるかということは決定不能であると思われるが，英語という言語は，この点，かなりいい線をいっていると言ってよいであろう。いわゆる斜め読みしたい時には，長い目の単語だけを拾ってゆけばよいことになる。日本語なら，さしずめ漢字と片仮名語を拾ってゆくことになるであろう。

　英語のつづり字と音声との対応が規則的で最適の状態にあるということには，やや込み入った説明が必要である。最も簡単な，そして比喩的な表現を用いるとすれば，「つづり字と音声との間に一種のプリズムを介在させればよい」ということになるであろう。このプリズムは，与えられたつづり字を約500年ほど昔にさかのぼり，概略1500年頃の英語の発音に戻すという働きをもつものと考えればよい。そのころのつづり字は表音的であったと言ってよく，いまで言う「ローマ字読み」に近いものであった。アルファベットの字母 A, B, C も，当時は [aː]（「アー」），[beː]（「ベー」），[seː]（「セー」）であったことになる。それらが現在，[ei]（「エィ」），[biː]（「ビー」），[siː]（「シー」）となっているのは，16, 7世紀ごろ，「大母音推移」(Great Vowel Shift) の名で呼ばれる母音の体系全体に及ぶ変化が生じたためである。上で触れたプリズムを通してみると，大母音推移を経る前の表音的な英語の姿がみえてくることになるというわけである。

　以下，現代英語におけるつづり字と発音の対応が規則的である例を，二つ，三つ拾っておくことにしよう。まず，name という語を末尾から語頭のほうへ向かってみてゆくとする。末尾は e でその前が子音字（C），その前が母音字（V）という構成になっている。語頭の子音字はあってもなくてもよい。つまり (C)VCe という形をしていることになる。母音字（V）の後の子音字

(C) は何であってもよい。こういう形が与えられている場合，「問題の母音字（V）はアルファベットの字母と同じ発音になる」というかなり一般性の高い規則が当てはまる。次の (1) はその例である。

(1) a [ei]: name, pace, take, date, fame, lane, cave, phase, place, nape, decade, safe, age, tale, scale, humane

e [i:]: eve, Japanese, Chinese, Portuguese, obese, scene, serene, scheme

i [ai]: life, wife, like, bite, side, ice, rice, nine, lime, file, precise, enterprise, collide, oblige, stripe, attire, appetite, archive, criticize, prize

o [ou]（イギリス英語では [əu]）: note, bone, lone, alone, tone, zone, rope, wrote, vote, hope, own, globe, episode, heatstroke, pole, joke, home, close, diagnose, grove, doze

このように具体的な例を並べてみると，やはり，いくつかの注釈を必要とすることに気づく。まず，問題の母音字は，そこに強勢が置かれているものでなければならないということである。第二に，love のようにアルファベット字母 v が u の代わりに用いられている場合は，この規則における C からは部分的に除外されているということがある。18 世紀ころまで u と v とは同じアルファベット字母であり，v は u の異形であった。v を子音に，u を母音に用いるというつづり字慣習はまだ行われていなかった。u はその前後を母音字母で囲まれると [v] という子音価をもって

いた。その後のほうの字母として駆り出されていたのが母音字母 e であった。したがって，love の語末の e は，先行する語音が長音であることを示すためのものではなく，「ルヴェ」(loue) の u が [v] の音価をもつことを示すためのものであった。

このことは，しかしながら，(1) の例にみるとおり，-ve の前の母音が常に短いことを意味するわけではない。たとえば，live には短い [liv] と長い [laiv] とが共存する。もともと (1) に示した -Ce というのは短母音が長化する環境であった。その時点で長音化されていた母音は，アルファベットの母音字母と同じ発音となり，今日に至っているというわけである。

ついでに記すと，英語の短母音に関してはほとんど例外がないといってもよいくらい強力な規則がある。それは，連続して生じている同一の二つの子音の前に置かれた長母音は短化するというものである。たとえば，hope の現在分詞は -e を落として -ing を加え，hoping となる。他方，hop の現在分詞を作ろうとして -ing を加えると hoping となり hope の現在分詞と同じになってしまう。これを避けるため hop のほうは p を重ね hopping とするのである。

今度は [k] 音を表すつづり字について少し考えてみることにしよう。平仮名の「こ」をローマ字で表そうとすると「ko」となる。というより「ko」しかない。ここで，では ko で始まる英語の単語を思いつくだけ挙げてみてください，と問われたとする。どれだけの語を挙げることができたであろうか。固有名詞でよければ Korea（韓国），Koran（コーラン），Kodak（コダック）などがある。が，日常語の普通名詞としては koala（コアラ）1 語があるのみと言ってよい。同じようにして ka- で始まる英語の単語を求めて

ゆくと得られるのは、日常語では kangaroo と kaleidoscope に限られると言ってよい。こんなことにいちいち驚いたり、あきれたりする必要はない。が、koala というつづり字や kangaroo というつづり字には「どこか英語らしくないところがある」ということは感じていてほしい。

ことの始まりは、1066 年のノルマン人の征服 (the Norman Conquest) にまでさかのぼる。この年、イギリスはフランスに征服された。その結果、英語のつづり字法は大きくフランス語のつづり字法によって取って代わられた。そのため、[k] 音に関するつづり字は次の (2) に示すごときものとなった。

(2) a. 字母 c はつづり字 a, o, u の前では [k] 音を表す：can, came, Cambridge, come, cotton, contrast, cute, cucumber, cuff, cuisine, cue, cupcake, cue, cable, cabinet, cage, calamity, calendar, coin, cobweb, collaboration
  b. 字母 c はつづり字 e, i, y の前では [s] 音を表す：cent, center, cinema, pencil, cycle, cylinder, cyclone, encyclopedia, cider, cigar, cinnamon, circle, circumstance, citrus, citizen, city, civilization

これによって koala, kangaroo, kaleidoscope におけるつづり字 k が、外来語であるから許されている極めて特異な例であることが判明したことになる。が、話がここまで来たとき、読者諸君の間には大きなはてなマークが、一つ、残るはずである。というより、残っていてほしい。「本来、[k] 音を表すための字母といってよい k は、何をしているのか」ということである。これ

に対する答えは (2) の，いわば，裏をみれば分かる。それが，次の (3) である。

(3) 字母 k はつづり字 e, i, y の前にある [k] 音を示すのに用いられる： keep, kent, kerosine, kenning, kymograph, king, kin, kiln, kick, kiss, kitchen, kiwi, keen, keyboard, kyphosis（脊柱後湾症）

これらの規則は単語の屈折形や派生形を作る場合にも，思いがけない影響を及ぼしている。たとえば，picnic の現在分詞を作ろうとして単に -ing を加えると picnicing となる。これは [píknisiŋ] としか読めない。このあとに k を補うことによってはじめて picnicking [píknikiŋ] が得られるのである。panic―panicking, mimic―mimicking などの場合も同様である。同じ critic という単語を含んでいても，criticism では i の前の c であるから [s] を含み，critical では a の前の c であるから [k] を含むことになる。-ed, -ing, -s などの屈折接辞と -al, -ize, -ness などの派生接辞とはともに接辞の一種であるが，英語全体からみると屈折接辞のほうが中核的で上位にあるものであるように思われる。picnic の屈折形である現在分詞においては，規則的な -ing の付加を規則どおりに保つために，つづり字の変更という負担を強いているのに対し，criticism の場合には，語形に優先権を与え，発音のほうは割を食ったままになっていると言ってよいであろう。

第 13 章

発音記号の約束事について

　一般に，発音記号は，その語の発音を忠実に，過不足なく示しているものであると考えられている。英語のつづり字は実際の発音とかけ離れていることが多く，そういうとき，正しい発音をそのまま示すために考案されたのが，まさに，発音記号であると考えられているからである。

　この考え方はもちろん，大綱において正しい。しかしながら，ちょっと考えればすぐ分かるように，発音符号はテープレコーダーではない。耳で聞き分ける英語の音声を，紙の上の文字で書き表そうとしているものである。どんなに工夫したって，高が知れている。逆に言うと，単語の発音符号だけを与えられ，それを出発点として英語の発音ができるようになるかというと，そんなことは決してない。

　発音記号に関し，実際はどうしているのであろうか。約束事を数多く折り込むことによって，発音記号と現実の発音とのギャップを埋めようとしているのである。逆に言えば，そういう約束事を無視して発音記号をにらんでいても，実際の発音に至りつくこ

とはできないということである。以下，そういう約束事を中心に気づいたことを列挙してゆくことにしよう。

(**1**)　paper, take などについて：

発音記号で [péipə], [téik] などのように無声閉鎖音 [p, t, k] で始まり，次に強勢のある母音が続くとき，[p, t, k] は強い呼気を伴う。小さな紙片を口の前にたらして発音すれば，その紙片は鼻の上のほうへ舞い上がるはずである。

(**2**)　[bed] について：

bed を辞書で引くと，その発音記号は，たいてい，[bed] であろう。これはこれで正しい。けれども多くの注釈を必要とする。本来なら，[béd] のようにアクセント符号をつけるべきである。にもかかわらず，アクセント符号をつけていないのは，約束によってである。bed, pet, bat のような単音節語の母音には必ず第1強勢が置かれる。それは2音節の語，たとえば，[pǽtən]（pattern）に置かれる第1強勢と同じ強さのものである。が，単音節語の母音にはすべて第1強勢が置かれると約束しておけば，単音節語の母音にいちいちアクセント符号を付けなくてもよいことになる。それはまったく経済的な理由によっている。

単音節語にはもう一つ，見過ごされやすい約束事がある。これは bed や pet を片仮名で書き表そうとすると，すぐ分かる。たとえば，bed を片仮名書きしようとすると「ベド」ではなく「ベッド」となるであろう。「ベッド」の「ッ」はどこからきたのであろうか。[béd] という発音記号のどこに「ッ」は隠れているのであろうか。答えは [béd] 以外のところにあろうはずがない。そう

思って [béd] をよくみると，アクセントを伴っている単音節語の短母音は，例外なく長く発音されていることが分かる。[béd] は [béed] のように発音されているのである。最初の [e] のところで音調が下がり，二番目の [e] に続くのである。これをカタカナ書きすると「ッ」が入ることになる。この現象はアクセントを伴っている単音節語にあるから，いちいち，[béed] のように記さないだけのことである。

この現象は，もう少し細かにみてゆくと，語頭音と語末音とが，ともに閉鎖音である場合に限られるということがすぐ分かる。big は「ビッグ」となるが，pin や pen は「ピン」や「ペン」で「ッ」は入らない。tug, hug は「タッグ」，「ハッグ」となるべきであるのに，しばしば「タグ」，「ハグ」と書かれているようである。英語の発音がしっかりしていないせいであろう。

急いで付け加えておくべきは，bed のような語に濁音節が一つ加わると，短母音の長音化は生じないということである。bed は「ベッド」でよいが，bedding は「ベディング」で「ベッディング」ではない。英語の発音を片仮名書きで示すなら，setting は「セッティング」ではなく「セティング」である。pitcher は「ピッチャー」ではなく「ピチャー」である。batting も「バッティング」ではなく「バティング」である。

(3) 成節子音について：

まず承知していなければならないのは，[t], [d] と [l], [n] とは調音の際，舌先が上歯の歯茎に密着しているという点では，まったく変わりがないという点である。このことは発音記号 [t], [d], [l], [n] をいくらみても分からない。調音の際，同じ特徴を共有

している音を表すのに発音記号のほうにはその共有特性がまったく反映されていないというのは，現行発音記号の一大欠点であるが，これは，使用者の側でよく承知し，その不備を補うしかない。

　ここでは，例として battle という語を取り上げ，成節子音 (syllabic consonant) とはどんなものか，検討してみることにしよう。[bǽtl] という語は母音が一つしかないのに，2音節語とされる。[-tl] の部分が一つの音節を成していると考えられるからである。その中核を成しているのが [l] で，これを成節子音と呼ぶ。ball におけるように [l] が単独で生じている場合，成節子音になることはない。[l] や [n] が成節子音になるのは，調音点を同じくする [t] が [l] と結合し，語末に生じている場合だけである。

　成節子音は，どのように発音するかということが実際問題としては最も重要である。ポイントはただ一つ，[-tl] の例で言えば，[-t] の発音が始まって [l] の発音が終わるまで「舌先を上歯の歯茎から絶対に離さないこと」である。なんでもないと言えば，まったく，なんでもない。が，成節子音の発音ができない人は山ほどいる。成節子音の発音がきちんとできなければ，「あ，ろくな先生に習ってこなかったな」ということが，すぐばれる。母語話者からみれば，「外国人なまりが抜けませんね」となる。大学卒業までのどこかの時点で成節子音の指導を受けている人々は恵まれた少数派であると言ってよいであろう。

　ひとたび，成節子音の何たるかを会得すれば，あとはみな同じである。[-tl] の例としては title, subtle, little, kettle, beetle, settle, rattle, cattle, portal, mortal, fatal, brittle, pistol 等々があり，[-dl] の例としては，saddle, paddle, bundle, puddle, cuddle, spindle, swindle, poodle, kindle, ladle, fiddle, idle, idol, bridal, feudal, medal などがある。[-tn] の例には，button, certain, beaten, written, bitten, tighten, cotton, curtain, kitten, skeleton, mutton 等がある。[-dn] には sadden, bidden, sudden, burden, deaden, leaden, broaden, widen, maiden, garden, hidden, pardon などがある。

　例外事項として記憶しておくべきは London である。この語の語末にある [-dn] は sudden の [-dn] とは異なり，成節子音とはならない。don の前にもう一つ，別の子音 n が介在しているからである。Clinton のような場合も同様であろう。

(4)　連音について：

　母音にせよ，子音にせよ，それらが，たとえば，見本として単独に発音される場合に比し，通常の会話におけるごとく他の音とつらなって生ずる場合を連音（sounds in connected speech）と言う。つまり，普通の姿の音声ということである。いわば，見本として，丁寧に発音される音も連音の一部に繰り込まれると，しばしば，思いがけないほどの変化を示す。それをよく承知していないと，なだらかな英語を話すことはできないし，耳で聞いた場合は，理解困難ということになる。

　多くの人が承知していると思われる身近な例に of course の発音がある。of の [v] が次に続く無声音の [k] の影響を受けて無声化し，[f] で発音されるという例である。

　一般論として，A と B という二つの音が連続して生じている場合，どちらが，どちらに影響を及ぼすかという影響の方向性は二つしかない。A が B に影響を与えるか，B が A に影響を与

えるかのどちらかである。AがBに影響を与える場合を，順行同化 (progressive assimilation)，BがAに影響を与える場合を逆行同化 (regressive assimilation) と呼ぶことがある。

現代英語に関する限り，順行同化は死んでいると言ってよい。これは現代英語にその例がみられないという意味ではない。例は山ほどある。が，それらは 1,000 年以上も前に生じ，いわば，化石化しているものである。それがみられるのは名詞や動詞の屈折接辞に限られている。たとえば，名詞の複数形は -s を加えて作るが，cats のときは [s] であり，dogs のときは [z] である。これは，それぞれ先行する無声子音 [t] と有声子音 [g] の順行同化によるものである。最近 intranet という語が導入された場合も，その複数形は予想どおり intranets となっている。が，この場合の [-s] は屈折接辞の一般原則に従ったまで，として処理されるであろう。

現代英語における逆行同化の例は枚挙にいとまがない。上で挙げた of course もその一例である。逆行同化というのは，あとに続く要素の発音をあらかじめ意識してその前にくる要素の発音様式に影響を及ぼすというのであるから，一種の先取り現象であるとしてよい。最も身近な例からみてゆくことにしよう。[tr-] という語頭 2 子音結合は，片仮名書きにしようとすると「ト」で始まる場合と，「ツ」で始まる場合とに分かれる。President Truman が「トルーマン大統領」，美容関係の treatment は「トリートメント」，Christmas tree は「クリスマスツリー」である。

ここで，英語の tree という語の発音に関し，やや詳しくみる必要を生ずる。まず [tén] の [t] と [tríː] の [t] とを比べてみる。(この場合，[tén] の [t] に伴う強い呼気は考慮に入れないものとする。)

二つの [t] の間にかなりはっきりした違いが認められるであろう。もし，違いはないという人がいたら，その人は [tríː] の [t] を間違って発音している人である。では，[tríː] の [t] は，[tén] の [t] とどのように違うのであろうか。[tríː] の [t] はその調音点が少しのどの奥のほうへずれているという点においてであろう。舌先を少しうしろへずらし，舌先を歯茎から離さない。そこは，まさに，[r] の調音点なのである。[tríː] の [t] を発音しようとするとき，舌先はすでに [r] の調音位置のほうへ寄っているのである。[tríː] の [t] は，[r] の調音点を先取りしていることになる。「クリスマストリー」よりは「クリスマスツリー」のほうが英語音により近いことも明らかであろう。トルーマン大統領のことを現地の邦人向け新聞は「ツルーマン大統領」と仮名書きしていたことが思い合わされる。634メートルの塔の正式名称が「東京スカイツリー」なら片仮名書きの時代性を感ずる。

　先取り現象の好見本となる例の一つに at the station などにおける [-tð] という連音がある。この連音の特色は at の [t] を，[ð] の調音位置で発音するところにある。つまり，本来，舌先はそれがあるべき上歯の歯茎のところから上歯の歯裏のところまで，すり下がらせて，[ð] の調音をしているのである。at の [t] のところで舌先が歯茎から少しでも離れると [t] の破裂音が聞こえることになるが，それは英語らしい発音ではないということである。

　助動詞を含む例を一つ挙げておくことにしよう。You should have started earlier.（もっと早く出発すべきでしたね）における should have started の部分は，通例，[ʃtfst-...] のように発音される。この場合における先取り現象というのは，後続する無声子音 [st-...] にみられる無声性を，先行する [ʃəd hæv] の有声音が先取

りし，無声音化されているという点にみられる。一般的には，同化による有声音の無声化とされるが，先取り現象という逆行同化の例であることに変わりはない。

【参考】

1. 存在を表す there 構文，たとえば There is an apple on the table.（テーブルの上にリンゴが一つある）の出だしは，通例，[ðeəríz] ではなく [ðəríz] である。

2. All right!（よろしい）では，[l] と [r] とが隣接して生ずるが，くだけた会話では [l] を落とした発音も許容されている。これも先取り現象の一つと考えることができる。

3. 現代英語において [ʌ] 音を表す最も普通な字母は u である。たとえば，but, up, cut など。ところが，u 以外にも [ʌ] 音を表す字母がある。o である。たとえば son, some, love などである。ここで，字母 o が [ʌ] 音を表す語を思いだすままに拾ってみることにしてみよう。ton, tongue, among, money, none, done, glove, front, month, sponge など。ここまで並べると，何か気づくことがあるかもしれない。

　そう，[ʌ] の音価をもつ字母 o の前か，あと，あるいはその両方に字母 m か n，あるいは v が生じていることである。これは理由のあることであった。まず，これらの語における字母 o は，本来，字母 u であったのである。これらの語の場合，字母 u を筆記体のローマ字 u のように書くとミニム（minim）の長い連続体が生ずることになり，判読不可能となりかねない状態にあった。（ミニムというのは，ローマ字の筆記体で上から下へ引く 1 本の棒のことをいう。m にはミニムが三つある。）この苦境を避けるため考案されたのが，こうい

う環境にあったuの上部を閉じるという書記法上の工夫であった。oが [ʌ] と読まれる語を探そうとするなら，前後に n, m を含む語を探せということになった次第である。

なお，字母 u が [ʌ] と読まれず，[u] と読まれる語もいくつかある。bull, put, pulpit（教会の説教壇），pull, bullwork（重労働など）。いずれも直前にある両唇音 [p, b] によって [ʌ] への変化をはばまれたものである。

4. in front of（…の前に）の形でよく用いられる front は，上記3で説明した [ʌ] 音で発音される。この語に [frɔnt] という発音はない。ホテルなどの「フロント」に当たる英語は front desk が普通である。この場合も [frʌnt] が正しく，[frɔnt] は間違いである。accomplish は，現在 [ɔ] でも発音されるが，1740年ごろまでは [ʌ] で発音されていた。[ʌ] が [ɔ] に変わったのは，一種のつづり字発音であったように思われる。同じような経緯は comrade, conduit, frontier などにもあったように思われる。

5. つづり字が -s で終わっている語には，[-s] で発音されるものと，[-z] で発音されるものとがある。[-s] で発音されるものには，bus, gas, chaos, this, thus などがある。が，問題は，むしろ，[-z] と発音されるほうの語にある。なお，複数語尾の場合は，条件が異なるので，すべて除外してある。

まず，[-z] で発音される語をできるだけ拾ってみることにする。as, is, his, was, has, does などが得られる。いずれも，通例，文強勢を受けることのない短い語に限られていることに気づく。これは，古い時代に濁音節の短い語がそれまでの無声音から有声音化された音変化の名残である。

6. 字母 a が強勢のある母音を表しているとき,その音は上でも触れたが,通例,字母 a の呼び名と同じく [ei] である。Asia, Canada, Iran の形容詞は,それぞれ Asian, Canadian, Iranian(片仮名書きでは「アジアン」,「カナディアン」,「イラニアン」)とされるが,この片仮名書きにそのまま対応する英語の発音は存在しない。英語音をそのまま片仮名書きすれば「えイジャン」,「カねイディアン」,「イれイニアン」(平仮名は強勢のある場所を示す)となる。

字母 e の場合も,そこに強勢があれば,[iː] と発音されるか,[e] と発音されるか,のどちらかであり,それ以外の発音はない。event には [ivént] という発音しかなく,もし片仮名語「イベント」を「いベント」のように読む人があっても,これに対応する英語音は存在しえないのである。

第 14 章

変わりゆく英語

　どんな言語も，毎日，少しずつ変化している。日本語も英語も例外ではない。では，きのうの日本語と，きょうの日本語と，どこがどう違うかといわれると，通例，答えようがない。それでも名詞の場合は，比較的はっきりしている。たとえば，「東京スカイツリー」とか「世界遺産としての富士山」などという日本語は 21 世紀以前に亡くなった人々の語彙にはなかったものである。

　個人的な記憶で言えば，1950 年代，研究室で雑談中，「あなたは「たとい」と「たとえ」ではどちらを使いますか」と問われたことがあった。同様に「...と信ずる」と「...と信じる」のいずれを用いるか気になっていた。信頼できるほどの人はみんな「たとい」と「信ずる」派であることに気づき，以後，それに従っている。

　英語で書かれた大学の卒業論文を提出したのは 1944 年の夏であったが，いま，ちょっと開いてみて最もびっくりしたのは英語の稚拙さではなく，英語の古めかしさであった。どこがどう古めかしいのか，と問われると即答はできかねる。その古めかしさを

119

疑う余地のない形で示してくれるのが500年，1,000年前の英語である。約1,000年前の英語は古英語（Old English）と呼ばれ，その複雑な屈折語尾は現代の英語よりは，むしろ，現代のドイツ語を思わせる。

　いまから500年前の英語となると，16，7世紀ごろの英語，概略，シェイクスピアのころの英語ということになる。シェイクスピアになら多少なじみがあると思っている人々は，母語話者であるとないとを問わず，少なくないと思われるが，これは十分に正当な評価ではないと言ってよい。

　というのは，現在，われわれがシェイクスピアの作品であると思って接しているのは，シェイクスピアが活躍していた頃の作品ではないからである。まず，当時のつづり字はその発音をどうにか写しているものであれば何でもよかった。cony（［古風］うさぎ）という語などには，五，六とおりのつづり方があったとされている。が，現在，出回っているテクストではつづり字上の異形はすべて1語1つづり字に統一され，標準化されている。現在，シェイクスピア劇が上演される場合，例外なく，現代英語の発音が用いられている。このことに違和感をもつ人々はほとんどいないと思われる。当時のままの発音で上演されたとしたら，観客の大部分はちんぷんかんぷんで外国語の芝居を見物しているという印象を受けるであろう。

　単語の意味も現代英語のそれとは大きく異なっている。シェイクスピアを誤読する最も大きな危険もこの点にある。シェイクスピアの語彙に関する解説を意図している専門の辞書が複数個出版されており，シェイクスピアのテクストを精読した人々の専門辞書は原型がかなり崩れるに至っているはずである。このようにみ

てくると，気軽におそれることなくシェイクスピアに接するというのも悪くはないが，むしろ，シェイクスピアというのは一種の外国語で書かれているという慎重論も無視することはできないと思われる。

「イギリス」というと，その国も国民も「保守的」というのが一般的な印象であろう。ところが，イギリス人が用いてきた英語という言語となると，他にその例をみないほどの激変を遂げている。アルフレッド大王（King Alfred, 849-899）の頃の英語は，一般人の場合，発音することも，意味を理解することもできない。

ひるがえってわが国をみると，アルフレッド大王の頃から優れた文学作品が山のごとく蓄積されていることに気づく。この世に生きる人間の心に深くよりそい，その喜びも悲しみも等しくすくい取り，われわれを鼓舞し，われわれに生きる力を与えてくれるものであったとしてよいであろう。万葉集，古今集，源氏物語，枕草子，等々，いずれもそうである。しかも，その意を解し，高揚感を共有することができるのである。いまなお，「田子の浦ゆ　うち出でてみれば　真白にぞ　富士の高嶺に雪は降りける」と口ずさめば，心晴れて，気分さわやかとなるではないか。

現在の英語と日本語とを比べ，どちらがより激しく変化しているかということは，にわかには断じがたい。が，文法構造の骨組みが，よりしっかりしているといってよい英語におけるほうが変化の初期段階はとらえやすいということはあるかもしれない。このことは，裏を返せば，語彙の変化に関する限り，日英語間に大きな開きはなく，語彙の変化は技術，政治経済，つまり，世の中の変化をそのまま反映しているものである，ということになる。

したがって，以下の記述においても，語彙に対する言及は行われないことになる。

ただ，email のような場合は，ことばを用いるための新技術であるから，英語自体がそれなりの影響を受けることは当然予想されるところである。たとえば，email という語自体，本来の不可算名詞から可算名詞にくら替えし，I got three emails this morning.（今朝，メールを3通受け取った）と言えるようになっている。メールの多用によってもたらされている変化の特性は「より短い形への偏向」であるとしてよいであろう。

「より短い形への偏向」という現象は，もちろん，メールに限られるものではない。それは，通常の話しことばにもみられ，傾向ということであれば，書きことばにもみられる。それを端的に示しているのが，省略形と短縮形の増加であろう。

たとえば，メールでは1人称単数代名詞 I の省略が通例になっているという。短縮形というのは，「就職活動」を「就活」とするがごときものである。若者ことばとなると，日英語を問わず省略形も短縮形も切りがない。が，若者ことばは，若者にまかせるしかない。特に外国語としての英語の場合，そういう領域にまで手をのばして「通ぶる」必要はまったくないと思われる。

むしろ，考えるべきは，単位時間内に必要な情報をどれだけ，正確に伝達できているか，ということであろう。ラジオ・テレビなどから流れでてくる早口のおしゃべりに接すると，「伝えたい新情報は何ですか」と反問したくなる。そんなことはなく，おしゃべりは BGM の一種であると合点がゆけばスィッチを切り，暗たんたる気持ちで日本語・日本文化の暗い未来に思いを馳せるのみである。

第14章　変わりゆく英語

　現在，英語という言語，特に，その話しことばに生じていると考えられる変化を一言で述べるとなれば，どうなるであろうか。それは，おそらく，よりくだけた英語，より格式ばらない英語，あるいは堅くるしさを脱ぎ捨てた英語への傾斜といったことになるのではないか。それをそのまままねれば「いま風な英語を話す外国人」ができ上がることになる。が，よほど気をつけないと，木に竹をついだような部分が目ざわりとなるおそれなしとしない。

　総じて言うなら，われわれ外国人の話す格式ある英語は，立て板に水のごとくであるよりは，ややとつとつとして，どちらかといえば古めかしい，いわば，ブッキッシュ（bookish）な英語でありたいと思う。そういう立場に立つと，変わりつつある英語の存在はこれをしっかり認めるとしても，そのただ中へ踏み込んでゆくという努力はあまり奨励されていないと考えてよいであろう。

第15章

絶対複数と絶対単数について

　英語の名詞には単数形と複数形とがある。それ以外の形はない。が，すべての名詞に単数形と複数形とが備わっているわけではない。一般に可算名詞の場合であれば，対象が1個なら単数形，複数個なら複数形をとる。不可算名詞の場合であれば，数えられないものを表すのであるから，複数形の出番はなく，とれるのは単数形だけ，ということになる。

　これで名詞の単数形・複数形に関することがらがすべて片づくなら問題はない。が，すべての出発点であると考えられる可算名詞・不可算名詞の区別に，はっきりしないところがある。

　日本人学習者を悩ます不可算名詞の例としてよく挙げられるものに advice, evidence, news, information, furniture などがある。日本語ではみんな数えられるものである。「今年の10大ニュース」など，その典型的な例である。mist, ocean, drizzle, log などが可算名詞としても不可算名詞としても用いられるという点もわれわれ外国人の理解を越えるところであると言ってよい。ここでは，次の (1) に lawn の例を挙げておくことにしよう。

(1) a. There is a lawn in front of the house.
   (その家の前には芝生がある)
   b. There is not much lawn in front of the house.
   (その家の前にはあまり芝生がない)
   c. He sat on the lawn.
   (彼はその芝生に座った)

この場合，(1c) の the lawn の根底にあるのが可算名詞の lawn であるか，不可算名詞の lawn であるかは先行文脈 (preceding context) がないかぎり決定不可能である。

　英語でも a piece of を冠すれば，a piece of good advice (よい忠告) のように数えることができるものとして扱われる。この場合，a piece を取り除いても advice の中身になんら変容を生じないという状況下においては，a piece of advice は *an advice と等価になる。「それはへりくつというものでしょう」と言われるかもしれない。

　でも，実質上，これと同じことは実際に生じている。レストランなどで用いられる Two coffees, please. (コーヒー二つお願い) とか Two teas, please. (紅茶二つお願い) などがそれである。Two waters, please. (おひや二つお願い) は少し出遅れていたようであるが，今では普通に用いられるという。この傾向は英語以外の言語においても広まりつつあると聞いている。こういう変化の潮流がどこまで進むかということは，現実の問題となるとまず考えるだけむだ，ということになろう。

　可算名詞・不可算名詞の区別は，一定不変のものではない。条件はさまざまであるが，可算名詞には不可算用法があり，不可算

名詞には可算用法がある。けれども不可算名詞が可算名詞化された場合,通例の可算名詞がもつ用法のすべてをもつに至るかというと,そうとは限らない。通例の可算名詞には単数形と複数形とがあり,その複数形は数詞をとることができる。が,不可算名詞の可算名詞化によって生じた可算名詞には複数形はあっても数詞とともに用いることはできないというものがある。次の (2) をみることにしよう。

(2) a. I feel a kindness to her.
(私は彼女に好意をいだいている)
b. I can never repay your many kindnesses.
(あなたからいただいた数々のご親切,とてもお返しできるとは思われません)
c. *Thank you for your three kindnesses during my stay at your home.

一般的に言えば,a kindness は an act of kindness (親切な行為) を示す。Thank you for your kindness. (ご親切ありがとう) の kindness である。your many kindnesses (ご親切の数々) は「複数個の親切な行為」というより「いっぱいの,たくさんの」という一種の強意複数用法と考えるべきものであろう。(2b) は容認可能で (2c) は容認不可能という用法上のすみ分けが可能となっているのはこのためであると思われる。

なお,(2c) が容認不可能であるということの背後には複数形というものが存在するために満たしていなければならない条件があると思われる。それは複数形を形成している成員の間には一定の類似性がなければならないというものである。triangles (三角

形）という複数形を構成している成員は，その材質や形状がどれだけ多様であっても「3本の直線によって囲まれている図形」という類似性を共有している。books の成員などの場合も同様である。が，kindnesses の場合，成員間の類似性は求むべくもないであろう。強意複数の kindnesses は存在しえても，数詞を伴った複数形 *three kindnesses の非存在はこのように説明することができると思われる。furniture の場合も，その成員には table, chair, sofa, bed などが含まれ，furniture A と furniture B との間に複数形を許容するに至る共通性を求めることは不可能に近いと思われる。

似た例をもう一つ，次の (3) に挙げておくことにしよう。education の例である。

(3) a. a good education（良い教育）

b. Education is important for most societies.
（教育は大抵の社会で重要なものである）

c. Children from the same family with similar educations time and again pursue entirely different lives.
（同じ家族の中で似たような教育を受けた子どもでもまったく異なる人生を送ることがある）

d. Julius Caesar had one of the best educations a classical world could provide.
（ジュリアス・シーザーは，古典世界が与えうる最高レベルの教育を受けていた）

e. Young graduates will rely on their business educations to help them change the world.

　　　　（若い卒業生たちは世界を変えるためにビジネススクールで
　　　　学んだことをよりどころにするだろう）

この場合，education が可算名詞，不可算名詞として用いられることは明らかである。が，複数形は極めてまれである。(3c-e) の例はかなり広範にわたるコーパスの中からやっと見いだしたものである。

　こういう角度からみてゆくと，その成員間に類似性のみられない複数形にぶつかる。単数形の意味をもたない複数形ということである。次の (4) をみることにしよう。

　　(4)　A:　Where's Pam?（パムはどこ？）
　　　　B:　She's doing the dishes.（洗いものしてるとこよ）

この場合の the dishes はかなり特殊で，食事の際に用いられる食器類をすべて含む。皿，深皿はもとより，コーヒーカップ，マッグ，スプーン，ナイフ，フォークなどすべてが含まれる。

　日本語の「皿洗い」にも相似の用法がみられる。「その仕事をする人」の意を表す用法もある。そうなると「洗いもの」がよりふさわしいかと思われる。が，「洗いもの」には「せんたくもの」が入ってくる。場面が台所と決まればこのあいまい性は消える。

　ある複数形が対応する単数形の意味とはまったく異なる意味でのみ用いられる場合，その複数形は通例，「絶対複数」(plurale tantum) の名で呼ばれる。典型的な例が sands とか waters である。いずれも「大きな広がり」という含みをもち，sands には「砂浜」とか「砂漠」の意味で用いられ，waters は特に領海 (territorial waters) の意でよく用いられる。ただ，注意すべきはこれらの

第15章　絶対複数と絶対単数について

場合，単数形と複数形とで意味が異なるとはいっても，二つの意味は，それぞれどこかで糸がつながっているという点である。「砂浜」は「砂」でできており，「領海」は「水」でできているからである。

ところが，コンピュータの付属品である mouse（マウス）となると事情は一変する。コンピュータの場合，mouse の複数形は何であるというべきであろうか。昔から mouse の複数形は mice と決まっている。すなわち，mice といえばせわしなく動き回る小動物を指すことに決まっていた。つまり，mouse の複数形 mice は，動き回る小動物 mouse によって，いわば，先取りされていたのである。

そういうところへ，突然あとからコンピュータの mouse が現れた。コンピュータの mouse は複数形になっても，当然，動き回ることはしない。その動き回ることをしないコンピュータのマウスが複数形を必要とすることになったとしてみよう。

昔から mouse の複数形は mice と決まっている。コンピュータのマウスも mouse である以上，その複数形は mice しかない。そこでコンピュータの mouse は，いわばおそるおそる mice の前にまかりでて，「今度複数形を必要とするはめとなりました。ぜひとも mice さんの末席に連ならせていただきたい」と願いでたとする。仮にこの申し出が受理されたとしてみよう。

その結果が「めでたし，めでたし」ならよいが，実はマウスに不満が残るのである。mice のほうにしてみれば「うちは動く mouse でいっぱいです。動かない mouse なんかを受け入れるスペースなどありません」という気持ちがある。コンピュータの mouse にしてみれば「ただ騒がしく動き回るだけの小動物と一

緒にされてたまるか。単語にだって品格というものがある」という気持ちがある。

　こういうジレンマに無縁の人々は幸いである。コンピュータにかかわりがあろうと，なかろうと，「mouse の複数形は mice である」で幕となる。（そしてコンピュータの mouse の複数形は mice であるという日がこないとも限らない。）他方，動かない mouse の進むべき道は一つしかない。mice を捨てることである。mice を捨てるということは，新しいコンピュータ mouse 専用の複数形 mouses の誕生を意味する。

　この結果はやや劇的であるといってよい。まず，mouses は新語である。その単数形 mouse には「ネズミ」の意はない。動く mouse と動かない mouse とは，同じ語の多義性（polysemy）を示すものではなく，同音異義語（homophone）であると考えるべきである。つまり，動かない mouse は動く mouse と形が似ていたためにその名称を与えられたものである。その段階では，もとからあった mouse に新しい意味が一つ加えられたにすぎなかった。けれども，新しい複数形 mouses が誕生した瞬間，その単数形 mouse は「コンピュータのマウス」の意味に特化され，その意味だけを表して，それ以外の意味は表さない語として，生まれ変わったのである。このように，ある特定の意味に特化され，他の意味を表すことはない単数形が新たに誕生したとき，その単数形を絶対単数（absolute singular）と呼ぶことにしてもよいのではないか。

　ほかに類例がまったくないというわけでもない。「山のふもとに」は at the foot of the mountains である。山が二つあって「これらの山のふもとに」と言いたいときは，どうなるか。at the feet of the mountains とすれば文法的には正しい。が，どこかおかしい。しっくりしない。山の下のほうからにょっきり足が伸びている感じがしないでもない。これはどうしたわけであろうか。

　上で繰り返し述べてきたところからも察せられるように，「ふもと」は foot と結びついているが，feet とは結びついていない。「ふもと」は foot のほうに特化されているのである。「ふもと」の意味の foot は絶対単数であるとしてよい。feet の中に「ふもと」の意味を収納する余地はないのである。「これらの山のふもとで」の意味を at the foots of these mountains という形で表そうとする人がいたら，むしろ，その勇気と深慮をたたえてもよいのではないか。

　以上述べてきたことを総合的に考えると，共通点が一つあることに気づく。それは mouse—mice, foot—feet と並べてみれば明らかなように，いずれも不規則複数形が絡んでいるという点である。不規則複数形はどうして絶対単数と呼んでもよい現象と深くかかわっているのであろうか。これは，上でも触れてきたように，不規則複数形に，本来，対応していた単数形名詞（mice の場合なら mouse）が，さまざまな事情から新しい意味（mouse の場合ならコンピュータの付属品）を獲得するに至った場合，この新しい意味はもとからあった不規則複数形のもっている意味に繰り込もうとしてもかなり大きな抵抗に出会うということであろう。不規則複数形が本来的に持っている意味の壁は，それだけ厚いということである。長い歴史の威光をかさに着て，新参者にはつれないといったところか。

　上で触れた 2 例はいずれも単一語の場合であるが，複合語の場合にはまた別の問題がからんでくる。複合語を構成している要

素のうち，どちらか一つ（通例は末尾要素）が明確な中心語（head）である場合，問題はほとんどない。たとえば，freshman（高校1年生／大学1年生），workman（作業員），snowman（雪だるま）の複数形は freshmen, workmen, snowmen でよい。（ただし，freshman は，24 freshman のように単数と複数が同じ形で用いられる場合もある。）

けれども，問題の複合語が商標名化されるに至っていると事情は変わってくる。商標名化されていない superwoman（超人的な女性）の複数形は superwomen でよいが，商標名化されている Superman（スーパーマン）の複数形はどうなるであろうか。普通名詞としての superman の複数形は supermen で問題ない。が，商標名化された Superman の複数形を Supermen とすることにはやや抵抗がある。その成立過程からみれば，Superman は「super + man」であり，中心語は man である。が，ひとたび商標名化されると，その瞬間に固有名詞化されると言ってよい。固有名詞に内部構造がないということはないが，それはその固有名詞の形成過程に立ち入ろうとしたとき問題となることで，固有名詞化された語自体の問題ではない。Superman という語は，内部構造を問題とされることのない単一語であることになる。その語の内部に屈折変化などの介入を許さない存在であるということである。となれば，その複数形は（複数形が必要となる場面は，通例，ないと思われるが）Supermans とならざるをえないことになる。

相似の例として Mickey Mouse を挙げることができる。この語の複数形としては，不規則複数形の Mickey Mice と規則複数形の Mickey Mouses の二つが考えられる。この場合，Mickey Mouses という形に賛成という立場をとる人々の間には Mickey

Mouse が登録商標化され，固有名詞化された瞬間，その内部に屈折変化などを許さない独立の単一形として存在するに至っているという感じがあるものと思われる。Mickey Mice は形の上では確かに Mickey Mouse の複数形であるが，もはや「ミッキーマウス」ではなくなっているということである。

　最もやっかいなものとして残るのが，Walkman（ウォークマン）である。結論的に言えば，その複数形は Walkmans であるとしてよい。手元の英和辞典などには Walkmans, Walkmen の両方が挙げられているが，『コウビルド英英辞典』などには Walkmans のみが挙げられているのである。そもそも Walkman という語を英語の単語として認めることができるか，ということからして問題である。この形はせいぜいのところ「えせ英語」（pseudo-English）であって英語ではない。つまり和製英語である。まず「動詞＋人間名詞」という結合形は英語にはないはずである。さらに，Walkman という語には中心語がない。Walkman は「人間の一種」ではないからである。複数形だから，その -man の部分を -men に変えるべきであるか，という議論がだんだんばからしくなってくるのである。もちろん，登録商標名としては何の問題もない。商標名の複数形というなら，単数形の商標名に -s を付けさえすればよい，というだけでの話である。

　以上，mouse, foot, man などの複数形が思いもかけず抱えている問題に触れてきた。が，誤解を避けるため付言しておきたいのは，ここではこれらを正用法の問題として論じようとしているのではないという点である。これらの問題を論ずる際，心得ているべきであると思われる点を略述しようとしたにすぎないものである。

第 16 章

未来表現管見

　英語を習おうとする際，われわれの目は，通例，習おうとする英語の文に向けられる。これは，ある程度当然である。が，そうでない場合もある。会話の相手が目の前にいるような場合である。

　相手になにか伝えたいと思っていることがある場合，それは自分で，こと新しく作りださなければならない。この過程を，仮に「和文英訳」と呼ぶことにすると，「それはだめです」と一斉に非難されることになる。外国語の学習に母語を介在させてはならない，というのである。この説にももっともなところはある。それは認めてもよい。

　けれども，「自分の言いたいことを英語で表現する」ということを除外して考えることはどのみちできないはずである。これは，場面的状況を介在させることなしに英語を用いることは，通例できないということと同義である。英語の学習に日本語を介在させてはならないという主張の根底には，英語の表現がすべて日本語を介在させることによって作りだすことができる，という暗

黙の了解が含まれているように思われる。が，これは誤りであると言ってよい。

次の (1) をみることにしよう。

(1) a. A stitch in time saves nine.
    (きょうの1針，明日の10針)
  b. Thank you, anyway. / I thank you just the same.
    (でも，ありがとう)
  c. Oh! You shouldn't have done that.
    (あら，そんなことなさっちゃいけませんわ)

これらの場合，どのような日本語を介在させればこれらの英語表現が得られるというのであろうか。(1a) は，「時を得た1針は，のちの9針を省くことになる」ということわざである。(1b) は，相手の親切が，いわば空振りに終わったとき，「でも，そのご好意，やはりありがとうよ」と感謝の意を述べる決まり表現である。これに対応する日本語の決まり表現はない。(1c) は，パーティに出席するために訪れた友人が玄関で差し出すチョコレートやお花を受け取る際，主催者側が発する決まり文句である。いずれも個人の独立性が確立されている社会において潤滑油的機能を果たしている表現であることを見落としてはならない。

これらの表現を和文英訳的観点から学ぶことはできない。が，場面的状況を出発点とすれば，当然，可能となる。ただ，場面的状況を出発点とすれば，ただ一つの適切な形が得られるかというと，とてもそんなことはない。むしろ，ある場面的状況において，ある特定の文が用いられたとすると，それはほとんど常に，他のいくつかの，ひょっとすると用いられたかもしれない文を，

押しのけた結果である。つまり，実際に用いられた文は，その場面において利用可能であったいくつかの選択肢の中の一つであるにすぎない。

　その際，落とされた選択肢はなぜ却下されたのか。採用された選択肢はどうして生き残っていたのかということが問題となる。が，この種の問題は，従来，あまり取り上げられてこなかったように思われる。英語の学習という角度からみると，やや進んだ段階の問題であるということも無関係ではあるまい。が，初級の段階においても正しい選択肢のほうが好ましいということに変わりのあろうはずがない。

1. 未来を表す表現について

　「英語に未来時制はあるか」という論考は，これをしばらくおくとしよう。確かなのは，未来の時を表す表現が英語には will, shall はいうに及ばず，許可を表す may や義務を表す must や should, ought to, have to, さらには進行形 be going to, be to, be about to などがこれに加わるということである。

　日本語では「ここでお待ちします」とか「エレベータで8階までゆきます」などは，普通の言い方であるが，英語で現在時制を用い *I wait for you here. とか，*I take the elevator to the eighth floor. などと言うことはできない。が，すぐ上で挙げた未来表現を添え，I can wait for you here. とか I may take the elevator to the eighth floor. などとすれば何の問題もなくなる。wait や take のような動詞は，現在形のままで現在のことがらを表すことはできないが，進行形と助動詞を用いれば可能となる。

2. 進行形と be going to

「金曜日に飛行機で発ちます」と言いたいとき，次の (2a) を用いることも (2b) を用いることもできる。

(2) a. I'm flying on Friday.
    b. I'm going to fly on Friday.

いずれも，いわゆる近接未来を示す。その限りで両者は等価の表現である。が，対応する場面的状況には，やはり，かなりの違いがみられる。結論的に言うと，単純進行形とでもいうべき (2a) のほうが話し手のコミットメントが大きいと言えるであろう。

この場合，話し手は自分の責任で日程を決め，予約を取り，航空券を求め，準備万端整って，あとは，当日空港へゆくだけでよいという状態にあることを示している。しかし，そういう，いわば，意気込みのようなものが，(2b) にはみられない。

類例を次の (3) に挙げておく。

(3) a. I'm starting a new job next week.
       （来週，新しい仕事を始めるつもりだ）
    b. I'm going to ask him to marry me.
       （私と結婚してくれるよう彼に頼んでみるつもりです）

この場合，(3a) における進行形は，聞き手に「そりゃ，たいへんだ」という反応を引き起こさせることになる。ここで，be going to を用いればその切迫感はなくなり，相手の反応も「あ，そう」くらいで終わると思われる。他方，(3b) でただの進行形を用いたとすると，「ちょっとゆきすぎでは」という感じを与える

ことになるかもしれない。

　換言するなら,現在と未来時に想定されている出来事の心的距離という角度からすると,現在進行形のほうがより近接的であり,せっぱつまっていると言えるであろう。せっぱつまっているということは,問題となっている未来時のことがらが,現在という時点において,少なくとも心理的にはすでに始まっている,あるいは,始まりかけている場合があってもよいことを意味する。ことがすでに始まっているのなら,「周囲の場面的状況に基づいて」とか「利用可能な証拠に基づいて」などと悠長なことを言っているひまはない。

　逆に「手元の証拠に基づいて」予見を述べる場合,用いられなくなるのは,普通の現在進行形のほうである。次の (4) において,現在進行形ではなくて be going to が用いられている理由はすでに明らかであろう。

(4) a.　It's got really dark. It's going to rain any minute.
　　　　 (すっかり暗くなってきました。いつでも降ってきますね)

　　b.　Pam is going to have a baby.
　　　　 (パムはおめでたですね)

これらの場合,状況証拠に基づいて近接未来のことを述べようとしている。したがって,ただの現在進行形ではなく,be going to のほうが用いられている。

　ただ,現在時における利用可能な証拠が十分ではないという場合ももちろんある。そういう場合,will に出番がまわってくる。次の (5) がそれである。

(5)　The baby will have black hair.
　　　（その赤ちゃん，黒髪でしょう）

このような未来にかかわる will は，場面的状況に対する話し手の判断によるところが大きい。

　問題が一つ残っている。たとえば，次の (6) である。

(6) a.　It's raining.（雨が降ってます）
　　b.　I'm writing a letter to Pam.
　　　　（パムに手紙を書いているところです）

これらの場合，現在進行形が近接未来を示すことはないのかということである。答えは否である。どうしてか。

　ここまで挙げてきた例からだけでも明らかであるが，現在進行形が現在時を示している場合，文意をそこなうことなく，時の副詞 now を伴うことができる。これに対し，近接未来を表す be going to を含む文の場合は，未来時を表す明示的な副詞句が含まれているか，場面的状況から未来時に言及していることが明らかな場合に限られる。つづめて言えば，現在進行形は，本来，現在時を表す形式であり，その道が閉ざされた場合に限って近接未来を示す道が開けると解して差し支えないであろう。さらに，現在進行形と be going to とが，ともに未来時を示している場合，be going to のほうが going to という要素を介在させている分だけ現在 (now) との距離が遠のく。

　もちろん，be going to を用いても will を用いてもよいという場面的状況もある。そういう場合，決め手となるのはスタイルである。be going to のほうがよりくだけた言い方で，will のほう

はやや形式ばっている。学問的なトピックの場合でも，会話の中でなら，be going to も許される。が，学問的な印刷された論文となると，許されるのは will のほうだけである。レストランなどで注文する料理について話し合っているとき，仲間同士では be going to を用いていながら，waiter には改まって will を用いるというようなこともあると言われている。

次の (7) がその例である。

(7) [To a friend] I'm gonna (= going to) have a hamburger.
　　　([友だちに向かって] おれ，ハンバーガーだ)
　　　[Later, to a waiter] I'll have a hamburger.
　　　([のち，ウェーターに向かって] ぼく，ハンバーガーにします)

3. 'll の地位向上について

一般に，I'll という形は，I will の代わりにも，I shall の代わりにも用いられる。そのため，英和辞典などでは I'll に関し，(i) I will の省略形，(ii) I shall の省略形，と記されることが多い。が，これはやや不正確である。I'll は I will の省略形ではあるが，I shall の省略形ではないからである。これは，[w] 音は落ちても [ʃ] 音は落ちないということと関係がある。

実際はどうかというと，I will の省略形 I'll が用いられる場所に I shall の形も生じえたということである。つまり，I will の省略形は I'll であるが，この省略形 I'll を非省略形にもどす段になると I will / I shall という二つの形が得られることとなったの

である。つづめていうと，I shall は I'll になることはできないが，I'll は I shall に戻ることができるということになる。

こういう状態が長く続いていたが，最近，注目すべき変化がこの I'll という形の資格をめぐって生じていると言われている。

結論的に言えば，'ll という形をそのままの形で他の dog とか table とかいう単語と同様，独立した単語として認めるというものである。この立場に立つと，テクストの中で，たとえば，I'll という形に出会った場合，これを省略形とは認めないことになる。したがって，それが I will に対応するものであるか，I shall に対応するものであるか，問うことをしないということを意味する。I shall でも I will でもない I'll という形がどうして好まれるかというと，I will か，I shall のいずれかを用いると，はっきりしすぎたもの言いをすることになり，相手に押しつけがましい不快感を与えるおそれがあるからであると言われる。

つまり，I will にも I shall にもコミットしない I'll という形は一種のぼかし表現であることになる。「ぼかす」ということが，I'll という形の本来的な機能であるとすると，It looks heavy. I'll carry it for you.（重そうですね。僕が代わりにお運びしましょう）のような場合，I'll は I will の略ですか，それとも I shall の略ですかなどと問われることはなくなることになる。この場合の I'll は，「申し出を示す」独立の表現形式であることになる。

逆の角度からみると，I'll という形式は一種の緩衝表現であると言ってよい。I will か I shall を用いると，ある種ののっぴきならない言質を与えることになるが，I'll を用いればその一歩手前でことを処理することができるからである。比較的気づかれにくいことではあるが，緩衝という機能を担っている形式は極めて

多彩で英語の隅々にまで張りめぐらされており，英語という言語の大きな特色の一つとなっている。それは，個の独立が確立され，保証されている社会において，個と個の間におけるいさかいを最小限に抑えるための安全弁として機能しており，英語が大人の言語であることを示す側面の一つでもある。

　他方，I'll という形が独立形として確立されるに至っても，明確な一人称の意志を示すためには I will の形が用いられる。たとえば I will definitely stop smoking. Definitely, I will.（たばこは絶対やめる。絶対にね）など。さらに，「食べにでようか」などの場合は，Shall we go out for a meal? のように Shall we ...? の形が通例である。が，このような場合にも，最近では shall の代わりに will を用いる人もいるようである。

　「英語に未来時制はあるか」という問題は，まだ決着がついていない。が，'ll の独立性が広く認知されるようになると，英語には未来時制があり，その代表的な形式は 'll であるとする説も可能となってくるかもしれない。

第 17 章

英語における名詞化と日本語における名詞化について

1. 名詞化とは何か

 『広辞苑』で「名詞化」を引くと，見出し語としての記載はない。三省堂の『スーパー大辞林』も同様である。手元の英和辞典で nominalization を引くと「名詞化」という訳語がちゃんと与えられている。研究社の『新英和大辞典』には「名詞化（形）」とあり，さらに「もとは文の形であったものが変形規則の適用を受けて名詞表現となること，またはなったもの」と付記されている。

 確かに，「名詞化」(nominalization) というのは，英語学・言語学の中で用いられる学術用語の一つである。が，学術用語といっても，その専門性の度合いについてはピンからキリまである。「名詞化」はどうかというと，それは専門性の度合いが最も低いものの一つであると言ってよいであろう。一般知識人の用いる日常語の一部を成していると言えなくもないと思われるほどである。

 「名詞化」という見出し語が『広辞苑』にも『スーパー大辞林』

にも見当たらないということはさまざまなことを考えさせる。まず，これらの辞書に「名詞化」という見出し語が載っていないということは，これらの辞書が「名詞化」という現象に興味を持っていなかったことを示している。それは一般知識人がこの語に興味を示していないことの反映でもある。一般知識人が，どうして「名詞化」という語に興味を示さないのかと言うと，とどのつまり，日本語という言語が名詞化という現象に対し，いわば，冷淡であるという事実に突き当たるように思われる。

　専門用語としての nominalization（名詞化，名詞化形）は，文全体を名詞という衣で包み，全体を1個の名詞と同じように用いることができるようにする仕組みである。名詞化される前の文の中身と名詞化された後の名詞句の中身とは等価である。

　ここで，次の (1) と (2) をみておくことにしよう。

(1) a. The driver's overrapid downhill driving of the bus resulted in brake failure.

（運転手が下り坂で猛スピードのバスを走らせたため，ブレーキが故障するに至った）

b. The driver drove the bus too rapidly down the hill, so the brakes failed.

(2) a. The enemy's destruction of the city was ruthless.

（敵によるその都市の破壊は容赦ないものであった）

b. The enemy destroyed the city ruthlessly.

この場合，(1a) では，(1b) の前半の文が，動名詞の使用によって名詞化され，主語名詞句として機能している。(2a) では，(2b) の文が，属格構文を介して名詞化され，その主語名詞句として機

第17章　英語における名詞化と日本語における名詞化について

能している。

けれども，名詞化によって得られた名詞句からそぎ落としうる要素をすべてそぎ落としてゆくと，ただ1個の動名詞，あるいは（動詞から派生によって得られた）派生名詞だけが残るということもありうる。次の(3)がその例である。

(3) a.　Bathing in the sea is fun.
　　　　（海水浴って楽しいね）
　　b.　The destruction was ruthless.

この場合，(3b) の the destruction は，(2a) の the enemy's destruction of the city と，文の構成素という角度からみれば，等価である。いずれも文の主語として機能しており，いずれもその根底には動詞がある。このようにみてくると，動名詞も，派生名詞も，名詞化の一種，あるいは，名詞化の下位類と考えても差し支えないのではないかと思われる。そのように考えることによって，日本語における名詞化と英語における名詞化との対比は，その根本的な違いを間違いようのない明白な形で示してくれることになるであろう。

結論を一言で先に述べておくなら，英語は名詞および名詞化中心の言語であり，日本語にはそのような特性は欠落しているということである。destruction を例にとれば，まず，動詞 destroy と destroy から派生によって得られた派生名詞 destruction との違いはどこにあると言えばよいであろうか。

名詞と動詞という違いがあると言われるかもしれない。では，名詞と動詞との違いというのはどこにあるのか。名詞は主語などとして用いられ，動詞は述語として用いられるなどと言われるか

もしれない。では，主語として用いられる派生名詞 destruction と述語動詞 destroy との違いはどこにあると言えばよいのであろうか。ここでは，現実世界との距離という観点から両者の違いをみてゆくことにしたい。現実との距離というのは抽象化の度合いと言ってもよいものである。

派生名詞 destruction と動詞 destroy との抽象度を比べると，派生名詞 destruction の抽象度のほうがずっと高い。どうしてかというと，動詞のほうは，時・空（spatiotemporal）の世界と，通例，直接結びついているのに対し，派生名詞のほうには，そういうことがないからである。というより，時・空的要素を切り捨てることによって得られるのが派生名詞形 destruction なのである。

もう少し具体的にみてゆくことにしよう。まず，destroy という動詞を定形で用いようとすると，現在形か過去形かという時制の選択を迫られることになる。その破壊がいつ行われたかということを指定しなければならない。仮に過去形の定形動詞 destroyed が選ばれたとすると，「破壊する」という行為を行った動作主は誰なのか，破壊されるに至った対象物は何か，手段として用いられたのは何か，場所はどこか，等々のことがすぐ問題となる。これらの問題に一つ一つ具体的な値を与えてゆくと，その分だけ，現実世界との距離が縮まり，具体性が増してゆくことになる。つづめて言えば，動詞 destroy は大地に足がしっかりついている現実密着型の語であるのに対し，派生名詞 destruction のほうは，抽象化の階段を一つ，また一つと上っていったあとに得られた抽象度の高い語であるということである。

加えて，destroy と destruction との間には双方向的な派生関

第17章 英語における名詞化と日本語における名詞化について

係を認めることができる。双方向的な可逆性（reversibility）があると言ってもよい。destroy をみれば, destruction が思い浮かび, destruction をみれば destroy が浮かぶといったあんばいである。

動詞 destroy とその派生名詞 destruction との間に双方向的な可逆性があるということは, ほとんど自明であり, 特に取り立てて問題とするほどのことではないと思われるかもしれない。そのとおりである。けれども, そのような考え方が許されるためには大きな条件が一つ必要である。

それは「英語という言語に限定して考える限り」というものである。たとえば, ここで対応すると考えられる日本語の例を考えてみることにしよう。destroy と destruction に対応する日本語は「破壊する」と「破壊」であるとしてよいであろう。「破壊する」と「破壊」との間に destroy と destruction との間にみられるような派生関係は存在していると言えるであろうか。少なくとも, 英語にみられるような派生関係は存在していないと言ってよいであろう。特に, 動詞「破壊する」から名詞「破壊」が派生されたと考えるのは不可能であると言ってよい。わが目を疑うと言ってもよいほどのことであるが, 手元の国語辞典には「破壊する」,「約束する」,「勉強する」,「解雇する」等々の動詞は見出し語としての記載がないのである。英語では当然のことと考えられていた「動詞から名詞が派生される」という道筋は, はじめから閉ざされていたことになる。

「破壊する」から「破壊」に至る道筋が閉ざされていたとすると,「破壊する」という動詞は「破壊」という抽象名詞から導きだされたと考えるしかないということになってくるのではないか。

英語の destruction は足が地についている destroy から出発し,

抽象化の階段を一歩ずつ上ってゆくことによって得られたものであるとしたが，日本語の場合はその逆である。が，そもそも抽象概念から出発して具体物に至る論理的な道筋というのは存在するのであろうか。具体世界から出発して抽象化の階段を上るという作業は，「すでに存在しているものの一部を切り取って捨てる」ことによって成立するものである。抽象を具象化するという作業の際はこれができない。「有を無に化する」作業に比し，「無から有を生ぜしめる」作業は困難度がずっと高い。

2. 日本語における抽象概念について

そうではあるが，日本語も人間の用いる言語である。具象も抽象も丸ごと包みこんでくれなければ言語しての用をなさなくなる。では，日本語という言語は，抽象的な概念が必要とされる場合，それをどこから手に入れるのであろうか。さらに，それを具体世界と結び，具体世界に還元しようとする場合，どのような方策を用意しているのであろうか。厳密な考証を経ているわけではないが，日本語における抽象概念の多くは漢語表現に由来すると考えてよいように思われる。

漢語表現による抽象概念は，英語における派生名詞の場合とは異なり，足が地についていた動詞や形容詞から出発し，抽象化の階段を一歩ずつ上ってゆくことによって成立するに至ったものではない。漢語表現というのは，概して言えば，渡り鳥のように空を飛んでやってきたものである。はじめから抽象的な概念を表す語であったと言ってよい。それらの漢語表現の使用が抽象の世界に終始しているのなら問題はない。問題なのは，必要が生じた場

合，どのようにしてその抽象世界を現実世界に結びつけるか，という点にある。

これはかなり困難な問題である。が，比較的一般性のある優れた方法の一つは「...すること」という表現を介在させてみることであると思われる。「破壊」を始発点とする場合であれば，抽象世界と現実世界との間に介在させる表現は，「破壊すること」ということになる。この触媒的表現について見落としてはならないのは，「破壊する」という動詞表現が入っているという点である。「...する」というのは，まさに「サ行変格活用」である。この活用が歴史的にどこまでさかのぼりうるか明らかではないが，この活用が抽象概念の世界と具体世界とを結ぶ際に果たしている役割の大きさには，こと新しく目をみはらざるをえない。

これによって，日本語においても抽象世界と具体世界とをつなぐ道筋が，一応整ったことになる。が，その整い方を比べると英語と日本語とではかなり大きく異なっているように思われる。サ行変格活用という小道具を動員しなければならない分だけ，日本語のほうが言語全体の色彩とでもいうべき特性は抽象の度合いが高いことになるのではないかと思われる。その分だけ，地に足がついていないといった特性が気づかれぬまま横行しているという結果を招いているのではないかと思われる。

この傾向に拍車をかけているのが，片仮名語の洪水である。中でも困るのは片仮名表記による外来語の急増である。片仮名語と漢字表現にはいくつかの共通点がみられる。両者とも，通例，いわゆる「内容語」(content word) である。形の上からみても，まず，平仮名書きではない。特に「てにをは」のたぐいの語ではない。接続詞のように，つなぎの役をすることばでもない。速読

が意図されているような場合，目はキーワードと思われる語を拾ってゆくと思われるが，漢語表現も片仮名語表現も中心的なキーワードを成していると思われる。

　通例，見落とされがちであると思われるが，漢語表現と片仮名表記の外来語との間には，もう一つ，大きな共通点がある。それは，両表現とも，抽象性が高いという点である。ここでさらに留意すべきは，片仮名表記の外来語のほうが，その抽象度はよりいっそう高いという点である。漢語表現には，ある程度，表意性があるので，抽象度が高いとはいっても，具体世界とのつながりに関するヒントぐらいは読み取ることができる。片仮名表記の外来語にはこれさえない。もちろん「カーナビ」とか「デジカメ」とか「オスプレイ」のような具象名詞の場合は，「ディジ」が「デジ」になるような崩れがあってもなくても問題はない。

　問題があるのは，「コンプライアンス」とか「インフォームド・コンセント」などのように，抽象的な概念を表す片仮名語の場合である。「コンプライアンス」という語が導入されたとき，人々はどのような反応を示したのであろうか。この語を具体世界に結びつけるヒントは何も示されていない。具体世界とつながる情報を引きだすための質問を発することさえできない。せいぜい発することができるのは「コンプライアンスって何ですか」くらいのところであろう。この種の質問は，いよいよ困ったときにはいつでも発することができる。が，必要な情報を手早く入手したいのなら，最も迂遠な非能率的な疑問文ということになるであろう。

　では英語の場合はどうか。compliance には派生関係で動詞 comply が結びついている。この動詞は，ちょっと調べればすぐ分かるように，主語として人間をとる。with を介して「規則，

決まり，法律，取り決め」などを目的語としてとる。名詞化すれば，with を介して元の目的語をあとに従える。これで足が地につく。

　日本語の「コンプライアンス」はどうか。中空に浮遊したままである。漢語表現で「法令遵守」とすれば，少しましになるが，空中浮遊的要素を払拭するまでには至らないであろう。漢語表現が空中浮遊的であり，片仮名表現はそれに輪をかけた浮遊性をもっている。となれば，日本語の内容語は，その大半がふわふわ語である状態に近いということになってくる。

　そんな状態では日本語によるコミュニケーションはいっさいできなくなるか，というとそんなことはない。十分な心くばりを怠らないように気をつけながら，ことばを用いればよいのである。が，少しでも気を許すと足を踏み外し，谷底へ落ちてゆく危険を抱えていることに変わりはない。具体的な例を少しみておくことにしよう。

　最も典型的な例の一つが「善処」という語であろう。この語は現在，ほとんど無内容化しているといっても言い過ぎではないであろう。そのような趣旨の記載は現行の国語辞書にはない。が，個性の強い辞書なら「これといった方策も才覚もない場合，政治家が好んで用いる表現」というくらいの説明があってもよいと思われる。「善処」は，字義どおりには「最善であると思われる方策で事態を処理すること」であるから，「善処いたします」に対応する英語表現として I'll do my best. が用いられても不思議はない。

　実際の外交交渉において日本側が「善処します」と約束し，以後，成行きに任せるだけで特段の方策は何も講じなかったとす

る。アメリカ側は「do my best と言いながら特になにもせず成行きに任せているのは一片の誠意もない。約束違反である」と言うであろう。無益な国際紛争の始まりである。

　最近「約束はしたが，実行するとは言ってない」という趣旨の日本語が用いられていることに気づいた。世の中がひっくり返ったかと思われるほどの驚きであった。「約束」を辞書で引くと「将来に関する取り決め」といった趣旨の説明がある。「約束」に当たる英語は promise である。I promise you that I'll be back at six.（6時にもどると約束します）と言えば，「必ず6時にもどります」と言ったことを意味する。

　英語の promise というのは，特別な動詞の一つで，I promise … と言えば，単に単語を二つ口にしたというだけでなく，約束という行為そのものを行ったことを意味する。それは「口にしたことを断固として実行する」ことを意味する。つまり，「断固として実行する」ということを含まない promise は存在しないということである。日本語の「約束」は「当事者間における将来のことに関する取り決め」であるから「断固として実行する」という部分が欠けている。国語辞典の定義からも，この部分は欠落している。日本語には「口約束」という語がある。文書で交わした約束よりゆるやかで守られないことがあってもやむをえないといった含みがある。

　繰り返し述べるが，promise には口にしたことを「断固として実行する」ということがその中核部分として含まれている。日本語の「約束」には「断固として実行する」という部分が欠けている。少なくとも希薄である。

　ここで列挙することはしないが，英語の promise にはさまざ

まな用法がある。特に，ものが主語として選ばれているような場合，「断固として行う」という部分が変容を受けることは避けられない。が，人間が主語である場合，その中核が「断固として行う」という部分にあることには疑いの余地がない。英語の promise と日本語の「約束」との間にはかなりの落差があると言わなければならない。英和辞典で promise を引くと「約束」が定番である。上で述べてきたところからすれば，これは明らかにミスマッチである。promise の中身に忠実であろうとすれば，「必ず実行するという約束」とでもしなければならない。「口約束」は約束の一種であるが，「それは口約束にすぎない」となると，通例，「実行されない公算が高い」という含意を伴うように思われる。「空約束（empty promise）」は，外見上「約束」の形をとっているが，「約束」の一種ではない。

3. 史的展望の中における名詞化形について

イギリスにおいて名詞化形が急速な進歩を遂げたのはニュートン（I. Newton, 1642-1727）を中心とする近代科学の勃興と期を同じくしている。新しい科学の勃興は，新しい，抽象度の高い，そして複雑な思考様式を必要とする。それを一手に引き受けたのが名詞化形であった。事実，ハリデー（M. A. K. Halliday, 1925- ）はニュートンの手になる専門の物理学論文から多くの例を拾っている。たとえば，solid という語は，形容詞のままである限り，ある個体が一定の時・空の下で「固い」ということを示すことができるだけである。そこにあるのは一般化を許さない具体性だけである。このままでは一般性を思考する科学への扉は

閉ざされたままである。

ところが，派生によって solid から名詞化形 solidity（固さ）が得られると，事態は一変する。地から足が離れ，抽象度を増した solidity は時空の束縛を離れ，どのような金属にも適用可能な基準を考えてゆくことができるようになる。一般性の獲得である。

名詞化という操作は形容詞や動詞にだけ適用されるものではない。名詞化形の中には that 節，不定詞句，動名詞句，疑似分裂文を導く what 節なども含まれる。これらの名詞化形は，いずれも文の中身を丸ごと名詞化形の中に包み込むことができる。

名詞化形は名詞句の一種であるから，主語の位置にも目的語の位置にも立つことができる。つまり，文の中身を丸ごと包み込んだ形で自由に主語や目的語として組み合わせ，より高次の，より複雑な内容を盛り込んで表現することができるようになる。科学の発達と，それを表現するためにある言語の発達とが同時進行的であったのは，決して偶然ではなかったということである。

系統発生（phylogeny）的にみると 17 世紀ごろとされる近代科学の発達は，個体発生（ontogeny）的にみると中学 3 年生ごろに当たると言われる。この時期は学習が急な上り勾配となり，イギリスにおいても落ちこぼれが多くなると言われている。日本の中学 3 年生の場合，条件はさらに悪くなる。内容が高度でむずかしくなるのに加えて，多彩な名詞化構文が加わり，しかもそれが英語という外国語においてであるというハンディキャップが加わるからである。

ここですぐ問題となるのは，多岐にわたる用法をもつ準動詞（verbal）をはじめ，多彩な名詞化形をもつ英語に比べ，そのような言語資源をほとんど欠いているといっても言い過ぎではない

第17章　英語における名詞化と日本語における名詞化について

日本語を用いていながら，この日本という国において，近代科学の発達が少なくとも現在の水準にまで達しえているのはどうしてであろうか，ということであろう。

ここで論証可能な結論を導きだすことはどのみちできない。が，大まかな見通しということであれば以下のようになるであろう。少し前でちょっと触れたように，まず，文の中身を丸ごと包んで名詞化するためには，やや冗長という感はあるにしても「…すること」，「…したこと」という名詞化表現の一種を用いることになるであろう。

他方，英語における名詞化表現の中核をなすと言ってよい派生名詞のほうはどうなるか。派生（derivation）という操作によって，動詞から抽象的な派生名詞を作る規則は日本語にはない。日本語では，むしろ逆に抽象名詞（たとえば「破壊」）から出発し，これにサ行変格活用の「する」を付加して動詞「破壊する」を派生的に得ていると言ってよい。

そうすると，日本語の場合，始発点となっている抽象語はどこから調達しているのであろうか。それが漢語表現と片仮名表現であると言ってよいのではないか。もっとも片仮名名詞の場合は，融通無碍で，抽象名詞であることはもちろんあるが，むしろ，そういうことさえ問題にしない音の連続体である。

こういう日本語の現況をそのまま是認し，満足していることができるなら，まことにめでたい。けれども，繰り返し述べてきたように，大きな懸念が一つ残る。四文字熟語などという漢語表現の流行や片仮名語の洪水という現象は，互いに相まって日本語全体の抽象度を高めているという点である。

他方，日本語には，和語の名で呼ばれる一群の表現がある。大

和ことばともいう。漢語と比べると地に足がついている感じで感触は柔らかく，大地と交わっているといった感じがあり，抽象度は当然低い。日本語を全体としてみたとき，抽象性と具体性とがいわば程よくバランスを保っていると感じられるようであるならば問題はない。

　実際はどうか。印象的な言い方しかできないが，現状は抽象過多に陥っていると言ってよいように思われる。「諸般の状況を勘案し，適切と思われる処置をとる所存であります」という答弁で質問が締めくくられる場面によく出合うが，このやり取りに政府側と野党側とがともに満足しているようなら審議は一向に進まないであろう。この答弁は何も言っていないに等しいからである。

　この病弊から抜けだす道はあるか。あるとすれば，上でも触れてきたように名詞化形（あるいは漢語表現，片仮名語）を，いわば，ほどいて，動詞を含む形にもどしてやることである。インフォームド・コンセントならその中から inform と consent という二つの動詞を取りだし，場面的に必要とされる時制，主語，目的語，必要とされる前置詞句などを結びつけてゆくのである。特に主語については inform と consent は異なる主語をとる。inform の主語は「医者」，consent の主語は「患者」である。「インフォームド・コンセント」は，概略，「医者から，病状に関し，十分な説明を受け，その結果，患者が医者の処置に同意すること」といった意味であることになる。つづめた日本語表現を求めてゆくと，「納得づくの同意」というようなことになるであろう。ラジオ，テレビなどのマスメディアが心がけを少し変えるだけで，日本語の将来はまだ立ち直り可能となるのではないか。

第 18 章

英語の否定表現

1. 否定の意味

　言語における否定は，数学における負数（negative quantity）とは異なる。数学における −4 は，0 からの距離が +4 と反対の方向に同じ数を表すが，言語表現においては，A の否定は，通例，not-A を示す。たとえば，He is not a student. は「彼が学生である」ことを否定しているが，それは言語的には，「彼が学生以外の何であってもよい」ことを示している。

　しかしながら，この一般的規則はしばしば修正を必要とする。たとえば，否定が反対名辞を示すこともある。not good は good 以外のものをすべて表すのではない。つまり，この表現は fairly good とか excellent などもその中に含んでも差し支えないのに，実際は inferior ということしか意味しない。

　また，not four は four 以外の数，すなわち five 以上と three 以下のあらゆる数を意味することもないではないが，4 以下，つまり 4 と 0 との間の数を意味するほうがふつうである。The mountain is not 10,000 feet high. / His income is not $300 a month. なども同様。「not＋数詞」が 'more than' を示すのは例外的で，その場合にはその後にはっきりした数字を伴うのがふつうである。またその際，数詞には強勢がある。The mountain is not 10,000 feet high, but 11,000. / His income is not $300 a month, but $350.　しかし，not once or twice のようなときは，常に 'several times' の意となる。Rome was not built in a day. も「一日以下」の意はもちろん含まない。

He spends $300 a month. と He lives on $300 a month. とは，事実上，同じことを意味するが，それぞれの否定形 He does not spend $300 a month. と He does not live on $300 a month. とでは大きな違いがある。前者は less than を，後者は more than の意味をもっている。このような差が生ずるのは，われわれが，前者においては最大限を，後者においては最小限を期待するからであろう。

He does not spend $300 a month. のほうは，特殊否定 (He spends not $300.) にとっても，文否定 (He does-not-spend $300.) にとっても less than という同じ意味が生ずるのに対し，He does not live on $300 a month. のほうは，特殊否定 (He lives on not-$300 a month. ＝on not quite $300.) にとれば less than $300 の可能性を含むのに対し，文否定 (He does-not-live on $300.) にとれば，$300 という少額では暮らしてゆけぬ，ということで more than を表す，ということは興味深い。そして，このことが He does not spend $300 a month. と He does not live on $300 a month. との差の原因であるかもしれない。が，やはり，このような説明の背後にも，He spends $300 a month. と言ったとき

と，He lives on $300 a month. と言ったときの内包の差（最大限と最小限）が働いているように思われる。

つまり，否定表現の数量的意味は，しばしばわれわれの思考方向，われわれが期待しているもの，に依存していることがあるのである。The plane does not take off at seven. は，7 時前に離陸するか 7 時以後に離陸するかについて何も言っていないこともあるが，7 時以後という内包をもつことも多いであろう。同様に He won't be here at seven. も，7 時過ぎでなければ来ないだろう，という内包を有する。

not above 30 は 30 かそれ以下を表す。が，less than 30 の否定は二とおり可能で，not less than 30 は 30 かそれ以上を意味し，no less than 30 は 30 のみを意味し，その数の多いことに対する驚きを含んでいる。He has not less than ten children. （はっきりした数は知らないが，少なくとも 10 人はいる）/ He has no less than ten children. （10 人も子どもがある。なんて大勢の子持ちだろう）。

2. 文否定と特殊否定

否定という言語現象には，陳述の全内容をその対象とする場合と，ある特定の語(句)をその対象とする場合とがある。陳述の全内容を否定するというのは，主語と述語との結合を否定するもので，これを文否定といい，not は動詞の前に置かれる。He does not come. という文は，he という肯定概念と coming という肯定概念との結合が否定されている文否定の例であり，同様に He does not come today. においては，he と coming today という

二つの概念の結合が否定されている。

　一方，否定表現がある特定の語(句)をその対象とする場合，否定されるのは二つの概念の結合ではなくて，単一の概念である。*n*ever; *un*happy; *im*possible; *dis*order; *non*-belligerent; *no* longer / He hit me, *not* him. などはいずれもこの例で，特殊否定または語否定と呼ばれ，否定辞は否定される語(句)の直前に置かれる。

　文否定と特殊否定との区別は論理的には明らかであるが，実際の言語では区別の困難な場合もある。たとえば，He is not happy. という文は，He isn't happy. のごとく，文否定とも，He is not-happy. のごとく特殊否定とも解され，後者は He is unhappy. のごとく書き換えることもできる。これらはいずれもあまり差がない (unhappy を使ったときのほうが少し強意的) が，これに very を添えるといちじるしく違った意味になる。He is very unhappy. / He is not very happy.

　次のような例は特殊否定で，do のないことが多い。We meet not in drawing-rooms, but in the hunting-field. しかし，このような場合，do を用いて，We do not meet in drawing-rooms, but in the hunting-field. のように言うこともしばしばある。この not は元来 in drawing-rooms へかかるべきものであるのに，動詞にひかれて，形から言えば文否定語の位置に置かれている。We aren't here to talk nonsense, but to act. なども同様で，論理的には We are here not to talk nonsense, but ... である。

He is not happy on account of his riches, but on account of his good health. のような文も多いが，これも論理的には，He is happy, not on account of his riches but on account of his good health. となるべきもの。I did not go because I was afraid. とい

う言い方は,「私が出かけたのは, こわかったからではない」の意と「私が出かけなかったのは, こわかったからである」の意であいまいで, これだけでは, 出かけたのか, 出かけなかったのか不明である。

定動詞に不定詞が続く場合は, 文否定であるか特殊否定であるかによって大きな違いがある。He did not try to look that way. (そちらのほうを見るということを, しようとしなかった) / He tried not to look that way. (そちらのほうを見ないということを, しようにした) このような区別が可能であるのは, 否定文に助動詞 do を用いるようになってからのことで, do の確立前の英語においては, いずれも He tried not to look that way. という表現で表され, あいまいであった。

以上, 論理的には特殊否定であるべき否定語が, 動詞にひかれて文否定の形をとっている例を挙げたが, 逆に, 論理的には文否定で, 通常, 動詞につくべき否定語が他の語にひかれる例も多い。We met nobody. は We didn't meet anybody. と等価である。ただし後者のほうが口語的。定動詞に属すべき否定語をひきつける語が二つ以上あるときは文頭に近い語を否定する。*No* woman would *ever* think of that. の代わりに *Any* woman would *never* think of that. と言うことはできない。一般に, Nobody would believe it. のように, 主語が否定辞を含んでいる言い方は, いずれも文否定が特殊否定の形をとっているもので, 口語においても許される。

特殊否定が文否定の形をとり, あるいは文否定が特殊否定の形をとることは, いずれも否定語が論理上それが修飾すべきでない語句を修飾する位置に置かれる現象で, これを否定牽引 (negative attraction) という。そして，この否定牽引の，いわば，両極をなしているのが特殊否定と文否定である。換言すれば，すでに否定語の位置を動かしえない場合は別として，動かしうる場合は，特殊否定が文否定として，また文否定が特殊否定として現れる事態が生ずるのである。

このような否定牽引という現象は，英語における否定語の位置に関する二つの傾向，すなわち否定語をなるべく前に出して相手に誤解を与えないようにする傾向と，否定語を動詞の後に置こうとする傾向，に依存していると言えよう。

近代英語において，He is *not* going. / I shall *not* go. / He does *not* go. のような，これら二つの傾向を調和した言い方が生まれたのは興味あることで，ことに do の発達がめざましい。have の否定構文においても，次のような例は do を用いるのが通則である。Savages do not have tooth-ache. / I did not have my hair cut. / I did not have any breakfast. / They didn't have candlesticks because they didn't want them. (G. K. Chesterton) 一般に have が possess あるいはそれに近い意味をもつ場合，また個々の実例，実際の場合を指すのに用いられる場合は do なしの形を用い，一方 have が possess 以外の意味をもつ場合，また常習性，一般性を表すときは do が用いられる。

注意を要する否定表現を二，三挙げる。All that glitters is not gold. / Every one is lonely, but every one does not know it. 等における not は，論理的には all, every の前に位置すべきものであり，本来，特殊否定であるべきものである。all が強調のため文頭に出，not は定動詞に牽引されたと考えられる。totality（総数，全体）を示す語のある構文を，全面的否定に変えるためには

not 以外の否定語を必要とする。not all; all ... not が some の意味に用いられるからである。たとえば, Everybody was unkind. / Nobody was kind. のように。同様に both の全面的否定には neither を用いるか, Both of them were unkind. のようにする。Let us の否定形は論理的には Let us not ... であるが, 慣用形としては Don't let us ... が用いられる。Do not let us, however, be too prodigal of our pity. (Thackeray) アメリカ英語には俗語として Let's don't go. の形もみられる。I don't think he has come. およびその類似形は非論理的な言い方で, 意味するところは I think he has not come. である。これは否定語をなるべく文頭に置こうとする傾向と一致する例である。が, hope, expect の場合は, 論理的な I hope/expect he won't come. のほうが, I do not hope/expect he will come. という言い方よりふつうである。また注意深い人は, I didn't tell them that I should come. と I told them that I should not come. とは区別するのが常である。また, I don't suppose. / I am not afraid. などと, I suppose not. / I am afraid not. との差異も注意すべきである。前者は普通の文否定である。が, 後者は肯定文で, I suppose/am afraid that ... *not* ... という構文に相当するものである。He didn't get what he expected. に対し, I thought not. という場合も同様で, I thought that he did not get what he expected. の意となる。

3. 二重否定

論理学者は, 二つの否定語は相殺して肯定となる, したがって, 二重否定を用いることによって強い否定を示す言語は非論理

的である，と主張する。そして，論理学者は数学の －(－1) ＝ ＋ 1 (*i.e.* 1) という規則をもちだす。が，すでに触れたごとく，言語上の否定は数学の負の概念とは一致しない。二つの否定語は，あるときには肯定を，あるときには否定を表す。

　第一に，2個の否定語がともに特殊否定である場合には，その意味は常に肯定である。たとえば，not uncommon; not infrequent; not without fear など。しかし，not uncommon は common と同じではない。not uncommon のほうが意味が弱い。It is not unknown to me. は I am to some extent aware of it. の意である。心理的には，互いに衝突する二つの否定語の使用による迂言的表現が聴者の心的疲労を大にし，話者の側にあっては躊躇を示すことになり，したがって，簡明直截な common や known より弱い感じを与えることになるのである，と説明されることがある。ゆえに，二重否定が肯定を表す not uncommon のごとき場合も，数学の －(－1) とは異なり，単一肯定表現に類似してはいるが同一ではない意味を表す，ということになる。ただし，かかる二重否定は修辞学でいう litotes (緩叙法，ぼかし表現) としての用法もあり，たとえば not ungrateful は very grateful の意となる。また，修辞的な立場からすれば，not ungrateful; not unconnected with などは，イギリス人の気質に合うものというべく，それだけに，一方では，使い古され，かえって陳腐な表現となることもある。他方，not uncommon という言い方は，もしも話し手が common という形で言い切ると，相手から 'No, it's not common.' と揚げ足を取られかねない状況にあるとき，先手を打って用いているというおもむきもある。

　第二に，2個(以上)の否定語が強い否定を表すことがある。こ

の場合,それぞれの否定要素は同一の語と結合せず,異なる語と結合する。否定語は,論理的には,一語でも十分意味は通ずる。しかし,二つ以上の否定語を用いたからといって非論理的という必要はない。スタイルの上からいって余剰的であると言うにすぎない。I shall never consent, not under any circumstances, not on any conditions, neither at home nor abroad. のような文には,論理的に反対すべきところはない。これは,休止(コンマ)により,否定語が同数の異なった文に属するごとく分離されているからよい,という見方もできる。しかし,一文か二文かの区別は必ずしも明確ではなく,たとえば,He never sleeps, neither by night nor by day. / He cannot sleep, not even after taking an opiate. のように, neither ... nor; not even などを用いる際には,しばしば二重否定が用いられる。

　強い否定を表すのに二重否定が用いられるのは,強い感情のもとにある話者に多い。話者は自分の考えている否定の意味が間違いなく伝わるように,動詞のみでなく,否定になりうる他の語までも否定にする。それは,一つには,否定を表す not が動詞と結びつくとき, n't と形態的に小さなものとなり,注意をひくに十分でないと考えられることがあること,また,話者は一個の否定語で満足できなくなることがあること,さらに,文頭に近い位置におけるただ1個の否定語を,その文の終わりまで意識していることは,話者にとっても,聴者にとっても,2個以上の否定語を用いるより心理的に骨が折れること,などが原因になっていると考えられる。

　このような二重否定は,古英語においてはほとんど規則的と言ってよいくらい用いられたものであり,中英語にも多い。17

世紀，18世紀には比較的少なく，19世紀からはまた多く，文学作品においては，無教育な人々のことばを写すのに用いられている。近代英語においては，ラテン文法や学校文法の影響で，標準英語においては避けられるようになっている。しかし，返事の際に用いる 'No, no.' などは会話ではきわめてふつうであり，I do not doubt but that you are surprised. などは $-(-)(-1) = +1$ にも比すべき表現である。I can't hardly read this. のごとき言い方は，口語では，教育ある人々の間にもみられる。これが I read this with great ease. という意味に誤解されることは，けっしてない。二重否定が排斥されるのは，それがすでに時代遅れであり，教育ある人々，社会的に有力な人々の間に迎えられないからであって，これが非論理的であるからではない。

第19章

よどみなく英語を話すために

1. 入門期の英語をなめらかに

　英語教育の目標といえば、長い間、4技能の円満なる発達とされてきた。このうち、どれが最も重要であるかというと、一律に答えることはできない。用途によって、それぞれの重要度は当然変わってくるからである。明治以来、西欧の文明を輸入し、消化するのに忙しかった時代、書記言語の優位性は動かなかった。が、最近では音声言語の重要性が広く認識されるようになってきている。

　けれども、この音声言語能力をいかにして身につけるか、という段になると収拾のつかない状態になっているのではないかと思われる。「話すこと」と「聞くこと」とを比べると、まだ「聞くこと」のほうが勉強法としては対処しやすいと言えるかもしれない。極言すれば、どのようなものであるにせよ、耳をすませて英語の音声に聞き入っていればすむからである。

　これに反し「話すこと」のほうは、どこから、何を、どうする

のか，まったく見当がつかない。具体的な例を一つ示しておくことにしよう。ある日本人中学生が，帰国子女の先生について英語の個人レッスンを受けていた。2，3か月くらい経った頃であったか，先生はふと生徒にも英語で話すチャンスを与えなければならないと気づき，「どんな質問でもよいから英語で私に質問してごらんなさい」と言った。ところが，その中学生は考えに考えたが，ついに何も質問することができなかったというのである。

　これは極めて象徴的な話である。一般の中学校などにおいても，似たような状況にあると言ってよいであろう。加えて，中学校の教室などにおいては，質問ができず困っている生徒を辛抱強く，7，8分待ってみるなどという芸当は不可能であろう。そんなことをすれば授業崩壊を招くに至るであろう。つまり，中学校の場合なども教室で英語による質疑応答の練習をすることなど，とてもかなわぬ相談ということになってくる。どうしたらよいであろう。

2. 単語とクラスターについて

　従来，英語を覚えるという際，すぐ，そして，最も頻繁に問題とされたのは「いくつ単語を覚えたか」ということであったとしてよいであろう。これが諸悪の根源であったとまで言うつもりはないが，このような，覚えた単語の数がそのまま英語力の指標となるという考え方がどれだけ英語運用能力の向上をはばんできたか，計りしれないものがある。

　確かに，知っている単語の数は多いほうがよい。「単語を並べただけでも分かってもらえたよ」という話もよく耳にする。が，

第19章 よどみなく英語を話すために

これは,そもそも,単語を覚えようなどとしたことのない人の話であろう。単語の並び方に一定の決まりがあろうということは,中学1年の初めから承知していたはずのことである。それを無視することは,どの道,許されない。が,それに劣らぬ重要性をもつものとして,「単語の相性」ということに注意を向ける必要があると思われる。

単語というのは,みんな,一人ぼっちではない。仲よし同士,手をつないだ形で用いられることを欲している。その塊は語群 (word group) と呼ばれたり,語結合 (collocation) と呼ばれたりしている。が,その用法はまちまちであり,統一性はない。特に,ハリデー (M. A. K. Halliday) を中心とするイギリスの言語学では,離れて生じている語についてもコロケーションということがある。たとえば,night が出てきてその近くに dark が出てきたら,両者はコロケーションを成していることになる。互いに,相手を呼び合って生じているという感じである。一種の縁語と言ってもよいものである。

当然,日英語の間には思いもかけないような違いが出てくる。ある調査によると,car を修飾する語としてすぐ心に浮かぶのは shining (ピカピカ) であった。The Bible の場合は,the dust (ほこり) であった。わけを聞いてみると,地区担当の牧師さんが訪問先の家庭でまずするのは,家庭備え付けの聖書の表紙を指でなぞることであるという。指にほこりがつくと「ああ,あまり開いていないようですね」となるのだそうである。

そのような互いに結びついている表現を「クラスター」(cluster) と呼ぶことにしよう。ここでは,クラスターをできるだけ広く,緩やかに解し,共起しやすい表現はすべてその対象に含める

という立場をとることにする。たとえば,次の (1) をみることにしよう。

(1) I burst out laughing in spite of myself.
　　（私は思わずふきだした）

この場合,burst out laughing も in spite of myself もクラスターと考えてよい。burst を含む短い用例はたくさんある。が,上例 (1) の文を覚えるだけでも単語帳で「burst（破裂する）」と覚えるだけの場合と比べ,どれだけ英語の運用能力に違いが生ずるか明らかであろう。in spite of myself が,こういう場合に用いるものであることなども,ひとりでに身につくことになるであろう。

　助動詞 can をただ「...することができる」という意味の語であるとだけ覚えている中学生は,実際の場面で can を用いることはほとんどできないと思われる。確かに,次の (2) に示すような文は作ることも,話すこともできるであろう。

(2) a. I can swim.
　　b. I can read and write.
　　c. He can speak French.
　　d. She can sing and dance.

が,こういう例をいくら並べても英会話力の向上に直結し,後に役立つことはない。can が I can ... / We can ... / You can ... / He can ... / She can ... / It can ... / They can ... などの形で用いられることは,それほどないと思われる。必要があれば,もちろん,用いられる。が,その必要の生ずることが,あまり,ないであろうということであろう。

これらの形に比し、はるかに多く生ずると思われるのは二人称および一人称代名詞を主語とする疑問文 Can you ...? / Can I ...? の形の文であると思われる。次の (3) をみることにしよう。

(3) a.　Can you open the window?
　　　　（窓を開けてくれますか）
　　b.　Can you buy me a ticket?
　　　　（切符を買ってくれますか）
　　c.　Can you tell me the way to the station?
　　　　（駅までの道を教えていただけますか）
　　d.　Can I come with you?
　　　　（ごいっしょしてもよろしいでしょうか）［相手を中心にした言い方であるから come を用いる］

例をこれ以上並べる必要はないであろう。が、can を中核とするクラスターの最有力候補の一つは、Can you ...? であるとしてよいであろう。

　最も基本的な語の仲間に入れてよいと思われる go や come も、それらが前置詞や形容詞と結合し、クラスターとして用いられる用法を考慮に入れるなら、思いもかけぬほど広い使用域を手に入れることができるようになるであろう。次の (4) からみてゆくことにしよう。

(4) a.　The plane is coming down.
　　　　（飛行機が降りてくる）
　　b.　The plane is going down.
　　　　（飛行機が降りてくる）

この場合,(4a) は「無事着陸するに至る」ことを含意し,(4b) には「不時着」の含意がある。

ついでに次の (5) をみておくことにしよう。

(5) a. The temperature is coming down.
（熱が下がってきている）
b. The temperature is going down.
（熱が下がっていっている）

この場合,(5a) は「あー, よかった」と胸をなでおろしている場合,(5b) は「たいへんなことになってきた」と胸のふさがる思いを表す言い方となる。最も一般的な言い方をすると, come は話し手中心の語であり, なにかよいことが話し手に向かってやってくるという, いわば, 一種の親近感を表す。これに対し, go のほうは, 何かが話し手から離反し, よくないことが生じてくるおそれがあるという含みをもっている。

以下, 類例をもう少し検討してみることにしよう。次の (6) は, 同一の文脈の中で go と come が対比的に用いられている例である。

(6) The lights went out and suddenly came on again.
（明りがみんな消えた, と思ったらひょいとまたもどった）

この場合,「あ, 明りが消えてまっ暗になった」という気持ちと,「あ, またついて明るくなった」という気持ちとの対比が, go out と come on との対比によって見事にとらえられている。go と come を用いた英語のほうが, こういう場合における心の動きをより細やかに映しだしているとさえ思われる。

次の (7) は眼前に生じている同じ現象がどのようにとらえられているか，come と go の使い分けによって推測することができるという例である。

(7) a.　The soup came to the boil.
　　　　（スープが煮立ってきた）
　　b.　The soup went to the boil.

この場合，(7a) は火にかけたスープをじっと見守っていると，ほど経ずして煮立ってきたというときに用いられる。(7b) のほうは，通例，用いられない。が，煮立たせてはいけないものを火にかけ，ちょっと目を離していたら吹きこぼれた，というようなときには用いることができるのではないか，という気がする。

　次の (8) は，常にマイナスのイメージを伴う語と共起するのは go のほうであることを示している。

(8) a.　He went insane.（彼は気が狂った）
　　b.　*He came insane.

この場合，「正気を取りもどす」のであれば come to consciousness のように come を用いる。

　マイナスのイメージを伴う場面において go が用いられる例を，次の (9) に少しまとめておくことにする。

(9) a.　The milk went sour.（牛乳がすっぱくなった）
　　b.　The bread went stale.（パンがかさかさになった）
　　c.　His face went pale.（彼は青くなった）
　　d.　The telephone went dead.（電話が聞こえなくなった）

次の (10) は,一見,原則に反するかと思われる例である。

(10) a.　The project came to nothing.
　　　　　(その企画は無に帰した)
　　 b.　*The project went to nothing.

この場合,(10a) は「その企画をうまく実らせようとさまざまに工夫してみたが,うまくゆかずだめでした」という残念な気持ちが込められている。(10b) のほうは,通例,用いられない文であるが,用いられるとすれば「はじめからみんな投げやりで放りっぱなしにしておいたのだから,何もでてこなかったのはあたりまえ」といった含意を伴うであろう。この場合,nothing の代わりに wrong を用いると単なる状況描写の文となり,原則どおりに The project went wrong. (その企画はうまくゆきませんでした) はよいが,*The project came wrong. は意味と構文が衝突し,不可となる。

同じ場面的状況であっても,come down と go down とでは話し手側のスタンスに微妙な違いをみることができるという場合もある。たとえば,次の (11) である。

(11) a.　The whole office came down with the flu.
　　　　　(オフィス全体がインフルエンザにやられてしまった)
　　 b.　The whole office went down with the flu.

この場合,(11a) は,いわば,身内的な見方,(11b) のほうは客観的な,いわば,第三者的な見方を示していることになる。

3. クラスターと辞書について

　英語の運用能力を高めるためにクラスターという概念が極めて重要であるということは，これまでわが国ではあまり論ぜられることがなかった。長い年月をかけてきてはいるものの，英語教育界全体に未熟なところが残っていたと言わざるをえないであろう。

　したがって，教科書はもちろん，文法書も辞書もクラスターの重要性に言及しているものはほとんどないといってよい。そのわずかな例外が Ronald Carter and Michael McCarthy (2006), *Cambridge Grammar of English* (Cambridge University Press) である。本書が，文の構造というような角度からすればほとんど問題とならない表現でありながら，実際に英会話を推し進める段になると最高の進行係をつとめることになるクラスターや談話標識 (discourse marker) の扱いに，いくばくかのページを割いている見識は見事であり，本章もその知見に負うところが大きい。ついでに付言しておくなら，すべての談話標識は (2 語以上である限り) クラスターであるが，すべてのクラスターが談話標識であるわけではないということになる。

　クラスターが英語運用能力にとって最も重要な条件の一つであることが分かっても，では，どうするかというと，そこから先の道はまだない。これといった文法書はまだないし，クラスター中心の辞書もない。英語教育用，あるいは英会話用に編まれたハンドブックのたぐいも，ないように思われる。上に挙げた少数の例からも分かるように，クラスターを成している単語は特別なものではない。日常卑近な，よく知られているものばかりである。そ

のため「ちょっとばかにされている」といったところがある。だから，練習に身が入らない。だから，いつまでたっても会話力が身につかないのである。

　さし当たって，どうするかといえば，めいめいが自分で工夫するしかないであろう。では「これからの英語教育」というやや長い目の視点に立って考えるとしたらどうなるであろうか。

　最終的にはやはり，辞書の力を借りることになるであろう。簡略化した言い方で述べるなら，従来からある英和辞典を借り，問題とされる見出し語の末尾に三ツ星印か何かの印をつけ，クラスター情報（できれば談話標識情報も）を追加するのである。もちろん，すでに与えられている本文中の記事と新しく加えられるクラスター欄の記事とが，重なる場合が当然でてくる。そういう場合には，クラスター欄の記事に優先権が与えられることになるであろう。たとえば，After you! は手元の辞書にもあり「(順番を譲る際に用い) お先にどうぞ」の意で用いられる旨の説明がある。これなどはクラスターの好見本である。「エレベータ，エスカレータ，車，電車などに乗る際に」などの注を加えてもよい。この句では「先に立つもの」と「おあとから」という焦点の当て方が日英で逆になっているため，丸ごと覚えなければ使えないという仕組みになっている。が，ひとたび覚えればその使用効率は群を抜いている。中学に入って after という前置詞を習ったら，まっ先に覚えてほしいクラスターである。

　同じく人称代名詞を含む例として，Me too と You too がある。これら二つの表現は聞き手との間に広く広がる会話の扉を開く鍵ともなるクラスターである。次の (12), (13) をみることにしよう。

(12) A: Give me two eggs, sunny side up, please.

　　　　　（[カフェテリアなどで] 目玉焼き二つ，お願いします）

　　 B: Me too.（私もです）

(13) A: Have a nice day.（元気でね）

　　 B: You too.（あなたもね）

この表現は極めて有用である。英語を覚えたての最も早い時期に学習してほしいクラスターである。この表現は，ずるいことはずるいが，相手の用いた表現を苦労して繰り返す手間を省き，しかも，同時に，相手のふところにすっと入りこんでゆくという働きも，かね備えている。似たような働きをするクラスターに The same to you.（あなたもね）がある。これらの表現を初めて用いた時，人々は自前の英語世界がゆるやかに広がってゆく実感を身にしみて味わったのではないか。

　クラスターの世界で，いわば，階段を一つ上ると効率性の極めて高い別の単語が視野に入ってくる。know, mean, think の3語である。次の (14) をみることにしよう。

(14) a. Do you know what I mean?

　　　　（私の言いたいこと，お分かりかしら）

　　 b. I don't think so.（そうじゃないんじゃない？）

この場合，(14a) はもちろん (14b) も，日本語におけるよりは英語におけるほうが使用頻度はずっと高いように思われる。(14a) も (14b) も，意味上は，なんら問題とすべきほどのことはない。

　われわれは外国語としての英語に接すると「これはどういう意

味だ」と問うように習慣づけられているといってよい。無理もない。そのためにこそ英語は習ってきたのだといったところがあるからである。ところが，(14a) のような文になると，いわば，その立ち位置はまったく異なる。

　それが，どれほど重要な役目を果たしているかということは，それを会話の流れの中においてみなければ分からない。(14a) が会話の中で果たしている役目は，一言でいうなら，話し手と聞き手との間で共有されていなければならない知識の査定である。

　会話というものは，口から出まかせに何かしゃべれば成立するというものではない。話し手と聞き手との間に一定の基盤が共有されていなければ，会話というものは成立しないのである。この共有基盤は，文化を同じくする人々の間では比較的得られやすい。相手が外国人である場合には，共通の基盤整備により多くの心くばりを必要とすることになる。けれども，同一文化の話し手と聞き手という組み合わせであっても，共通の基盤が常に確保されているという保証はない。

　話の進展に伴って新しいトピックが次から次へと導入されるのは当然で，そのたびに既存の共通部分は計算の仕直しを迫られることになる。

　会話が新しい展開をみせたとき，共通基盤の修復が難なく行われるような対話者の場合は，なんの問題もない。が，いつもそううまくゆくとは限らない。相手が自分の言うことを理解し，しっかりついてきてくれているかなと不安になる瞬間は，誰しも経験ずみであろう。そういうときに出番となるのが (14a) である。対話者は相手との，いわば，間合いが正しく守られているか常にチェックを必要とするということである。

日本人同士の間では，そんなチェックの必要性はあまりないと言えるかもしれない。が，議会における質疑応答を聞いていると，安閑としてはいられない気持ちになってくる。ただ (14a) をそのままに日本語に訳した形で用いると，けんか腰になってしまうおそれがある。この種の，いわば，合いの手表現として適当な日本語表現が欠落しているということは，そのようなチェックが従来あまり行われてこなかった証拠かもしれない。

　共通の基盤整備という機能に加え，(14a) にはもう一つやや気づかれにくい大事な機能がある。それは，巧まずして相手に発言のチャンスを与えるという機能である。会話のキャッチボールは，話し手がボールを握ったままでいると始まらない。話し手が一人でしゃべりまくるのは，その場の発言権を独り占めしているということであり，対話者に対する礼を失することにもなる。最終的には「独りよがりのおしゃべり屋さん」というレッテルをはられ，無言の社会的制裁を受けることになる。

　対話者の間に共通の知識基盤がないと会話の流れはうまくゆかないこと，共通の基盤にほころびが生じたらそのたびごとに修復する必要のあることなどについて述べてきたが，共通の基盤ということに関しては，もう一つ，別の面もある。それは，「相手がすでに知っていると思われることは口に上らせるな」という言語使用の一般的な決まりにかかわるものである。「新情報を含まない発言を口にしてならない」と言われることもある。

　この決まりにも，いろいろと注釈が必要である。ここでは二つのことに短く触れるにとどめる。一つは相手が知っていることに言及しなければならないときにはどうするか，ということである。これにはおまじないがある。呪文のように「君も知ってのと

おり」と前置きすればよい。従属節の中へ入れておくという手もある。一般に，従属節は旧情報の納まるべき恰好の場所であるからである。

　もう一つ，困るのは相手が何についてどれだけ知っているか，ということをどのようにして判定するかということである。これには正解がない。最善と思われる線に沿って推定し，査定を試みるだけである。あまりにも見当はずれな査定ばかりしていると「とんちんかんなやつ」という社会的制裁を受けることになる。

　まともな会話が可能となるためには，対話者同士の間に共通の知識基盤がなければならない旨を述べてきた。が，これと，いわば逆の場合もある。対話者同士の間に共通な知識基盤が十二分に整っているという場合である。話し手と聞き手とは「ツーカー」の関係にあると言ってよい。こういう場合，話し手は自分の言いたいことを一から十まで，全部並べる必要はない。そういうことをすると，「くどい人」という社会的制裁を受けることになる。こういう場合，話し手はさまざまな省力的表現あるいは「これくらいで。あとは，見当おつきでしょ」というややルースな表現を用いることになる。次の (15) がそのサンプルである。

(15) a.　... and so on and so forth (...等々)
　　 b.　... and what have you
　　　　（[列挙したあとに付け加えて] そういうもの）
　　 c.　... what not（その他いろいろ）
　　 d.　kind of（[副詞的] どちらかといえば）: I'm kind of hungry.（ぼくちょっとおなかが空いたなぁ）
　　 e.　sort of（[適切なことばを探しながら] なんといったらよい

か）[文中のどこでも用いる]

f. ... and things like that（...といったもの）
g. so to speak（いわば）
h. as it were（いわば）
i. something like that（...といったもの）
j. ... and that sort of thing（...といったもの）
k. ... and all that sort of thing（...といったものをみんな）
l. ... and all the rest of it（...といったものみんな）

これらはいずれも正確さには欠けるが、一定の役割を談話の中で果たしているぼかし表現であり、ゆるやかであるだけに言質をとられない表現にもなっている。もっと言うなら、話し手には時間かせぎの役にも立っているし、聞き手に対しても一瞬の息抜きを与える効果をもっていると言ってよい。

　以下、クラスターとしてどんなものを考えているのか、そのサンプルを示すことにする。まったくの順序不同で手当たりしだい、思いだすまま、目についたままを示している。コロンの前は辞書の見出し語を示し、コロンの後は、その語を含むクラスターのサンプルを示す。あくまでもサンプルであって、網羅的にはほど遠い。「単語を覚えるなかれ、クラスターを覚えよ」という旗印のもとへひとりでに集まってきた表現であると考えてよい。なお、一語でクラスターと同じ働きをしている語には、簡単な説明を付しておいた。

place: in the first place（まず第一に）[文と文とをつなぐ際によく用いられる]
hand: on the other hand（他方）[ある事柄に関して、直前に述

べたことを否定せず，しかしそれと対比されることを述べるときに用いる］

result: as a result of ...（...の結果）

time: at the same time（同時に）

want: if you want to（お望みなら）［You can go now if you want to.］［to は先行文の述部を to 付き不定詞で表現し直したものを to 一語で代用したもの］

mean: Do you know what I mean?（私の言いたいこと，分かる？）

shall: Shall I ...?［Shall I open the window?（窓を開けましょうか？）］

think: don't you think?（...でしょう？）

was: Was it?（...でしたか？）［付加疑問文］

some: some of the ...［Some of the apples were rotten.（いくつかのりんごはくさっていた）］

there: There is a ...［There is a book on the table.］

things: things like that（...といったもの）

as: as it were（いわば）

out: out of［She went out of the room.（彼女は部屋から出ていった）］

it: It was the ...［It is the book he has been looking for.（それは彼が探していた本ですね）］

end: at the end of (the street)

lot: a lot of (people)

there: There was no ...［There was no milk in the fridge.（冷蔵庫には牛乳がなかった）］

front: in front of ... [There is a lawn in front of his house. (彼の家の前には芝生がある)]

on: on to [He jumped on to [=onto] the ground. (彼は地面に跳びおりた)]

part: part of [He spent part of the summer here. (彼は夏の一部をここで過ごした)]

able: be able to

edge: on the edge of [She was sitting on the edge of the bed. (彼女はベッドの端に腰かけていた)]

relation: in relation to ... (...に関して) [正式の商業文で] (「～と比較して」の意で用いられることもある)

reference: with reference to [With reference to your comment a moment ago on the question ... (その問題に関するご意見に関してですが)]

look: have a look at [Have a look at this magazine. (この雑誌ちょっと見てごらんよ)]

have: don't have to [You don't have to go. (君は行かなくてもいいよ)]

easy: Easy come, easy go. (悪銭身につかず)

take: Take it easy. (落ち着いて／のんびり行け)

以上，限られたサンプルながら，クラスターとはどのようなものであるか明らかであろう。また，クラスターという概念を入門期の英語教育において活用する最も良い方法の一つは，中学校・高校用の英語教科書からクラスターの例を拾い集め，それらを生徒に覚えさせることであるとしてよいであろう。

第 20 章

4 技能における格差について

　われわれは，通例，中学 1 年から外国語としての英語を学び始めている。いまでは，小学校高学年からということになる。が，その際，学習の目標とされていたのは何であったと言えばよいであろうか。

　「そんなことは言うまでもない。英語の力を身につけるためだ」という答えが返ってきそうである。では「英語の力」というのは何であろうか。一般的には，4 技能の過不足なき習得にあるとされてきた。4 技能というのは読む力（reading），書く力（writing），聞く力（listening），話す力（speaking）という四つの技能のことである。「過不足なき」というのは「どの一つの技能，たとえば，読む力だけに偏ることなく」ということである。この段階では目標を抽象的に並べたにすぎない。だからそのままでもよい。が，少し考えるとすぐ分かるように，四つの技能は互いに関係なく，ただ，ばらばらに並んでいるのではない。

　たとえば，「読む力」と「書く力」とは書記言語に関する能力であり，「聞く力」と「話す力」は音声言語に関する能力である。明

治期には書記言語能力が重要視され，現在は音声言語重視という傾向がある。「4技能を等しく分け隔てなく」といっても，時代の要請とまったくかかわりなく，というわけにはゆかないであろう。

　もう一つ，やや論理的な関係が4技能の間に存在していることを忘れてはならない。「AならばB」といってもよい関係である。たとえば，「読む力」と「書く力」との間には「自分で作り書くことのできる文は，読んでもすぐ分かる」が，その逆，すなわち，「読んで分かる文は，すぐ作ることができる」とは限らない。さらに，「自分で話すことのできる英語は，聞いてもすぐ分かる」とは言えるが，「聞いて分かる英語は，すぐ，しゃべることができる」とは限らない。いずれの場合も，「自分で作りだすことができるものは，確実に理解することができる」ということを示している。

　この角度から4技能をみると，中核的な重要性をもっているのは「文を作る能力」と「(文を作って)発音する能力」であることが分かる。脳の働きということに還元していえば，重要なのは受動的で働きではなく，能動的な働きであるということである。つづめていえば，英語の基礎的能力は英作文の練習と英語を話す練習によって身につけることができるということになる。ところがである。これら二つの能力はわが国の英語教育においてほとんどまったくなおざりにされてきた側面であるといっても言い過ぎではないであろう。それを象徴的に示しているのが大学入試である。

　大学入試で話す能力をテストしようとしても，実質的には不可能であろう。受験生一人に対し，少なくとも一人の教官が，少な

くとも10分くらいの時間を必要とすることになるであろう。となれば，現行の試験制度では物理的に不可能ということになる。

　他方，英作文のほうはどうか。これは，その気さえあれば，いつからでもどこにおいてでも実施可能である。まず，大学院の入試ではぜひ和文英訳を課していただきたい。「英語の力が身についている学生」の入学を希望するならば，という条件つきでもよい。学部の入試においても，できるだけ多くの大学において，入試問題に英作文を加えてほしい。そうすれば高校における英語教育もひとりでにそれに対応する形をとるに至るであろう。が，大学入試に和文英訳を加えるためには，かなり高いハードルを越えなければならない。採点者側，すなわち，大学の教官側における沈黙の抵抗を覚悟しなければならないと思われるからである。この高いハードルをクリアするための，大学における英語担当教師側の条件を，ただ一つ挙げよと言われたら，ためらうことなく「十分な英作文能力」と答えたい。「十分な英作文能力」とは，どの位の能力であるかと問われると，決まった答えはない。が，サンプルということであれば，ひと昔前，月刊『英語青年』誌上で行われていた「和文英訳練習（普通科）」において評点Bがとれる程度の実力と答えることができるであろう。

　英語学習の目標とされてきた4技能の円満なる発達という謳い文句のうち，コアとなるべきなのは，能動的な心入れとでもいうべき態勢を必要とする「書く」，「話す」能力であるという立場をとってきたが，もしもこの立場が正しいとすると，最近世間をにぎわせているさまざまな英語学習法に対しても，ある程度原理づけられた評価を与えることができるように思われる。たとえば，まず「睡眠学習法」，「英語づけ（immersion）学習法」など

の名で呼んでよい英語学習法がある。が，これらはいずれも不可である。

「睡眠学習法」というのは，要するに，たとえばロシア語のテープを流しながら眠ると，いつの間にかロシア語ができるようになるとする説である。が，これは間違いである。わらをもつかむ気持ちで私自身，約1年間，ロシア語についてこれを試みたことがある。眠り方が悪かったのではないか，と言われればどうしようもないが，結果は見事な惨敗であった。あいさつのことばを二つ，三つ覚えたかなと思っていたが，それも実は心もとない。

「英語づけ学習法」というのは，四六時中，英語という水の中に学習者を浸しておけば，英語の力はひとりでに身につくとする説である。結論を先に言えば，これも，誤りである。「英語づけ方式」の論拠として挙げられるのは，母語話者の子どもの場合であろう。母語話者の子どもが英語力を身につけてゆく際，いったい何をしているか。これと決まった先生がいるわけではない。教科書が与えられているわけでもない。ただ周りで飛びかっている英語の会話や会話の切れはしの中に浸されているだけである。それでも一人前の母語話者が育ってゆくではないか，これを平行移動して日本人の英語学習者に試みてはどうかということである。

この考え方には，盲点と呼んでもよい見落としが少なくとも数個は含まれている。まず「英語づけにする」といっても，英語との接触量にあまりにも大きな開きがある。計算し始めてもみんな天を仰いで筆をおくであろう。「これと決まった先生がいない」というのも実際には見掛けだけのことで，実質的には世界一の先生がついている。母親である。子どもに正しい模範を示す際にも，子どもの間違いを訂正する際も，うむことなく何十ペンでも

繰り返してくれる。

　母語話者の子どもの場合，忘れてはならないのは，一見すると，ただ英語づけになっているように思われるが，実際は，活性化されている心で常に英語と，いわば，格闘しているという点である。このことを最もよく示しているのは，英語を話し始める前段階にある幼児であろう。この段階の幼児は，ある日，突然，話し始めるようになる。が，それまで，心の中では，ぶつぶつとまだ確信のもてない英語的つぶやきを繰り返し，繰り返し練習していたはずである。この状態を「単なる英語づけ」と見誤ってはならない。外国語というのは，一つ一つ，自分の頭を使って覚えてゆくということをしない限り，自分の身につくことはないと知るべきであろう。

第 21 章

英語学習の臨界期について

1. 英文読解力について

　入門期の英語学習には目安となる目標がある。平たくいえば，読む，書く，聴く，話すという4技能の円満な発達といったところになるであろう。これはこれでよい。が，4技能の習得はどこまで続ければよいのであろうか。どこかに終点のごときものがあると言えるであろうか。

　いろいろと目安がないわけではない。が，いずれも文部科学省省令によるものではない。大学卒業と同時に英語の学習も終了すると考える人がいるなら別であるが，まさか，そんな人はいないであろう。事実，大学卒業まで英語を習っていながら，手紙1本，電話1本ままならぬとはなにごとぞ，と言われているではないか。

　他方，「英語の学習は死ぬまで続きます」と，けなげに，きっぱりと言うこともできる。が，この言い方にはやや空疎なところがある。口で生涯学習と唱えてみても，その中身やプログラムは

未指定のままであると言ってよいからである。「私は毎日，英字新聞を読んでいます」という人のあることは，承知している。模範的である。が，議論の筋から言うと，これは趣味の世界に属することになるであろう。

　そこで，いつまで英語の勉強を続けるかという問題は，これをしばらくおくとしよう。もちろん，死に至るまで英語の勉強を続けるということ自体に問題のあろうはずがない。それは可能であり，しあわせな老後の暮らし方でさえある。ただ，「英語の力が身につく」という角度からみるとすると，話はおのずからまた別である。この点をさらにせばめて，「英語力が目にみえて進歩するのは，何歳くらいのときであるか」と問うとしたら，どうなるであろうか。

　まず，さまざまな個人差がある。生活環境も一定ではない。だから，一般化はかなり困難である。が，ここで，ふと臨界期 (critical period) という語を思いだした。「発達過程においてその時期を過ぎると，ある行動の学習が困難となるというその時期」といったほどの意味である。この語に基づいて考えてゆくと，個人差の問題は消える。その上で「英語力が目にみえて身につく大学卒業後の時期」を求めると，どうなるか。

　結論をただ一言で述べるとすると，「大学卒業後の 10 年間」ということになるであろう。中でも重要なのは前半の 5 年間である。現行の制度では大学院の博士課程（前期課程 2 年，後期課程 3 年）がこれに当たる。後半の 5 年間は，いわば，補強的，付け足し的の 5 年間で，どこかの大学に籍を置き，新しい研究態勢が始まったばかりの時期に当たる。かりそめにも，研究という名を冠した生活を送る道を選んだ学徒にとっては，この 10 年が，ま

第 21 章　英語学習の臨界期について

さに，臨界期と呼んでよい時期なのである。悪魔のささやきに負けてこの時期を売り渡したりすると一生をかけても取り返しはできないということである。

これはかなり思いきった断定的なもの言いである。が，それを可能にしているのは，本人自身の体験もさることながら，サピア (E. Sapir) のあと押しがあるからである。あるところで，サピアは言語学・人類学志望の学生に対し，大学卒業後の数年間における集中的な訓練が必須であると述べているのである。こういうことを言ってくれている学者のいることに感銘を受けたことを鮮やかに覚えている。

要するに，大学を卒業して 10 年目くらいのところに，外国語としての英語の習得は，そのピークの一つを迎えていると言ってよい。「やや荒削りの姿ながら」という修飾を加えておいてもよい。では，ここに言う英語力のピークとはどのようなものであろうか。まず留意すべきは，それが英語学とか，英文学とかという特定の分野における知識の総量を示すものではないという点である。それは知識の量ではなく，知識の山に分け入ってゆく際に必要とされる知力の鋭さ，とでも言うべきものである。知識の量は年とともに増えてゆくが，知力の鋭さというのは円熟味を加えるということはあっても，年とともに増えるということはない。

私自身の場合はどうであったのであろうか。英語力習得過程における臨界期をどのように過ごしたかということである。いまにして思えば，望みうる最高の臨界期を体験したと言ってよいように思われる。東京文理科大学といういまはなき大学を卒業し（昭和 19 年），第 5 期海軍予備学生として 1 年間軍務に服し，復員と同時に大学の研究室へもどり，副手（約 1 年），特別研究生（前期

課程 2 年）を経て，当時の東京高等師範学校助教授となる。

　特別研究生のときの指導教官は福原麟太郎先生であった。副指導教官は中島文雄先生，古い時代の英語に関しては西脇順三郎先生の指導を受けている。

　この指導体制は，あとにも先にも望みうる最高のものであった。中島文雄先生には私の提出したレポートに目を通していただいた。いつも「おもしろく読みましたよ」というコメントをいただいた。「一定の水準には達している」という判定であったように思われる。

　ある日の午後，研究室に福原先生と西脇先生の顔が揃った，珍しいというほどのことではないが，われわれにとっては至福の時間であった。二人の先生のお話はいつしか「なにか，難しい本はないですかねえ」という話題に入っていた。ゆきつもどりつして「これなんかどうでしょうねえ」と残ったのが，W. Pater (1885), *Marius the Epicurean* であった。そしてこれが特別研究生を指導するためのテキストとなった。さすがは，両巨頭おすみつきの「難しい本」である。しかも毎週自分の出番が回ってくる仕組みになっていた。汗まみれの乱取りけいこといってよい。訓練が 1 年以上も続くと，さすがのペーターもこわくなくなっていたように思われる。臨界期における集中的な脳の訓練ということに思い至らないわけにはゆかない。

　ペーターの前には E. Spenser (1579), *Shepheardes Calender* を読んでいる。西脇先生からは *Beowulf* をはじめ，W. Langland (c.1362), *Piers the Plowman* などを習っている。シェイクスピアとのつき合いも十数編を超えるなじみ深いものとなっていた。一方では福原先生の名講義が何年も続いており，他方では同士数

第 21 章 英語学習の臨界期について

人と長い休暇ごとに新しい作品を一つずつ上げていたからである。

このようにして臨界期を越えたとき，英語の読解能力は卒業の状態に達していたといってよい。この状態に達するまでの間に蓄えられた英語読解能力は一種の武器であり，未開の原野を切り開いてゆこうとする際，不可欠の道具となるものであった。この読解力は，英文学の世界においてのみ有効であるというのではない。当然のことながら，英語学・言語学の世界においてもまた有効である。

あたかもこのことを実証するかのように，昭和 27 年 (1952)，運命は私にシカゴ大学大学院言語学科の学生という身分を与えた。英語学専攻は言語学専攻の下位類であった。以後，アメリカの言語学，イギリスの言語学，チェコの言語学などにどっぷりつかりながら年を重ねてきた。特にアメリカの言語学に関しては，アメリカ構造主義言語学の誕生，生成文法へ移行する際におけるパラダイムの変化をその渦中において体験しており，身につけた英文読解能力はいまさら表にでることはないが，ずいぶんと役に立っていたはずである。

大学卒業後，決定的な 10 年を経て，英語の読解力はその人なりのピークを迎えているということは何によって知ることができるであろうか。内容面は，おのずから別であるが，それを表現する媒体英語そのものの，いわば，メカニズムに違和感をもつことがまれになってきているということが，まず挙げられるであろう。もう一つ，挙げてよいかと思われるものに「他人の誤訳」というものがある。ほかの人の手になる翻訳本を手にしたとき「これはおかしい」というところに出合う。原文と照らし合わせると

訳し違いであることが分かるというものである。

「あまり人のことは言えないよ」という声が聞こえてくる。天につばするようなことはしないにこしたことはない。が，それにしてもひどい訳がまかりとおっているのである。G. Chaucer (1406), *The Canterbury Tales* 初訳などひどいものであった。上で難解な本として挙げた W. Pater (1885), *Marius the Epicurean* にも，実は著名な英文学者の手になる訳本が当時すでに出版されていた。労作であることには違いないが，誤訳と思われる箇所があった。訳者に連絡してあげたらよいとも言われたが，そういうことができる段階のものではなかった。誤訳の多い本というのは全部訳し直すしかほかに手はないのである。

同じことは英語学関係の本についても言える。代表的なものとして S. Ullmann (1957), *Principles of Semantics*, N. Chomsky (1957), *Syntactic Structures* の2冊を挙げるだけで十分であろう。

2. 英作文に関する力について

以上で英語の読解力を身につけるという勉学努力に到達目標として，どのようなことが考えられるかということに関し，一応の目安がついたとしてみよう。次に問題となるのは書く力である。書く力，すなわち，英作文能力を身につけるという訓練は総じて言えば，日本人が最も苦手とする分野の一つである旨を私は折に触れ，あちこちに書き散らしてきた。が，そういう際，見落としてきた盲点が一つあることに気づいた。ひとの書いたものを，英語に直すという場合は，別である。自分で考えたことを英語で表

第21章　英語学習の臨界期について

現するという場合に限って考えてゆくとすると，この場合の和文英訳は「自分の考えを英語で表現する」ということにほかならない。「英語で論文を発表する」など，まさに，その好例である。

　注意すべきは，こういう場合，英語で表現されるのは自分の頭の中で考えられたことに限られるという点である。自分の頭で考え及ばないことは英語で表現するに及ばないということである。しかも，他方，パラフレーズは，理論上，限りなく可能である。つまり，自分の頭で考えたことがうまく英語で言い表すことができないということがあったら，うまく英語で言い表せるまでパラフレーズしてゆけばよいのである。

　こういう観点からみてゆくと，日本人の「英作文不得意論」も，そう悲観的にばかり考えなくてもよいことになるかもしれない。ただ，頭の中でいくらパラフレーズしても，うまく英語に乗るようにならないというのであれば，やはり，お手上げということになる。

　それでも，最後に頼ることのできる抜け道が一つある。用意した原稿を母語話者にみせ，訂正してもらうのである。どれだけ朱を入れてもらったかということは公表されないから，問題になることもない。

　さらに，論理的な思考の積み重ねに基づいて書き上げられてゆく英語学などの論文においては，たとい英語で書かれる場合であっても比較的限られた鍵になる表現を覚えてゆけばこと足りるということがある。

　このようにみてくると，英語で書くという能力に関する達成目標は大学卒業後の10年間においてほぼ越えることができると考えてよいように思われる。

3. 話す，聴く能力について

　英語力の達成目標として残るのは話す力と聴く力に関するものである。このうち，話す力のほうは自分の考えたことを，自分のペースで話せばよいのであるから処理は比較的簡単である。すなわち，発音の基礎が身についており，英作文能力が身についているなら，特に問題の生ずることはないということになる。問題が生ずるとすれば，それは通訳の場合であろう。通訳の場合，常に時間が切迫している。しかも，話される内容は他人様の考えたことである。特別の訓練を受けた人でない限り，できるわけがない。ということは，こういう分野のことになったら，特別の訓練を受けた比較的少数の専門家集団にまかせるしかないということになる。逆に言えば，一般の英語教育課程において通訳業を専門とする人々の養成を意図したりしてはならないということを意味する。

　したがって，「大学を出ていながらろくに通訳もできないのか」と嘆く人は，二重の誤りを口にしていることになる。まず，現行の英語教育課程で通訳が養成されることはありえないのである。さらに，通訳を必要とする状況が想定されるようなら，それに応じて別途に通訳を養成するか，通訳を確保しておくべきなのである。

　通訳というと口先で英語をあやつれば足りる，と考えている人々が少なくないと思われる。が，これも大きな誤りである。通訳の対象となることがらにはわれわれを取り巻く宇宙全体が含まれる。物理学における最先端技術から，林業，漁業，自動車産業などはもちろん，女性の髪形における最新ファッションなど，す

べてが含まれる。ある知人の通訳者は，仕事中，sclerosis という語に出くわして困惑したことのある旨を話してくれた。この語は，日本人はもちろん，母語話者でも 95 パーセントくらいの人々は知らないと言ってよいであろう。この語に私が特別の親近感をもっているのは [skl-] という語頭 3 子音結合を探していたとき，網にかかったただ一つの語であったからである。ついでに記すと，[sfr-] という語頭 3 子音結合は sphragistics（印章学）1 語に限られるであろう。[sf-] という語頭 2 子音結合が実質的には 3, 4 語に限られているというのも，思えば不思議である。

　いわゆる 4 技能のうち，最後に残ったのが聴く力（listening）である。自分のよく知っているお話を標準的な英語でゆっくり目に話してくれるなら，通例 100 パーセントの理解が可能である。日本の昔話，たとえば，「一寸法師」などを英語で聞くときに古めかしい英語に出会ったりもするが，そんなもの，聞く前からもう分かっている。

　実際の場面ではどうであろうか。まず，相手が標準的な英語で話してくれるという保証はない。総じて，英語の母語話者，特にイギリス人には，日本人と異なり，その生地をしのばせるアクセントの名残をとどめている英語を誇りにするといった傾向がみられる。そういう英語で，こちらのあまり知らないことを早口でまくし立てられたら，もうお手上げである。そういう話しことばの理解は，英語教育における聴く力の到達目標などをはるかに超えている次元ということになるであろう。

4. 4技能の比重について

　以上，外国語としての英語学習において，その初期の段階からいわゆる4技能の円満なる発達ということが意図されてきたが，その最終的な達成目標はどうなっているのかということを考えてきた。このことに関する参照文献はほとんどないといってよいであろう。現在，提供されているさまざまなテストも，たとえばTOEICなどにおいて満点を取れば，最終的な到達目標を極めたといえるか，と問うなら答えは否であろう。

　最終的な到達目標を定めた国家試験でも制定されるなら，話はまた別であるが，当分の間，実現は困難であろう。となれば，しばらくの間，個人的な体験に基づく個人的な意見を徴するしかないことになるであろう。

　上で述べてきたことを総括すると，まず言えるのは，最終到達目標は，4技能に関し，「等しく円満に」というわけにはゆかないということである。特に音声言語という側面からみた英語力，すなわち，聴く力，話す力に関しては最終到達目標の設定をやや低くしておかなければならないということになるであろう。

　そう言ったからといって，電話1本かけられない，英語による商談などはいっさいできないというような状態でよいと言おうとしているのではない。音声面における英語力の達成目標をやや低い目に設定するとしても，発音に関する基礎的な学力や聞き取りに関する基礎的な訓練は欠くことのできない必要条件である。この条件がしっかり満たされているなら，もうひと押しで，すなわち，もうひとふんばりの実地訓練によってみがきをかけることができるなら，最終的な到達目標は達成されたとしてよいのでは

ないかと思われる。

　最終到達目標ということで4技能を比べると、入門期の学習目標とは異なる景色がみえてくるように思われる。結論的に言うと、音声言語としての英語に関する能力は4技能全体の中でみると、前景から後景のほうへ、少し押しやられることになるのではないか。もちろん、コミュニケーション能力重視の英語教育とか、話す・聴く能力の重視などのスローガンがもてはやされていることは十分に承知している。これらのスローガン自体に反対すべき理由もない。ただ、実際の問題としては、どうであろうか。

　コミュニケーションという語によって意図されているものがあいさつや買い物英語であったり、ペンパルとの文通、旅行日程の打ち合わせなどにとどまるものであるのなら、問題はない。が、商取引の現場とか、丁々発止と議論が戦わされる外交交渉の場においてやり取りされる英語を指してコミュニケーションというのであれば、そのコミュニケーションは一般知識人の英語力の遠く及ばないところである。

　上でも触れるところがあったように、そういう領域は特別な訓練を受け、日ごろに精進を重ねている少数の専門家に任せるしかない。このような段階における音声言語能力が、いかにあらまほしきものであっても、それを通常の英語教育の最終到達目標と考えるのは明らかに誤りであると断定してよい。それははじめからまぼろしの目標である。さらに言うなら、まぼろしの目標に達しえないわが身を恥じる必要もない。基礎的な英語力が身についていさえすれば、志しだいで、まぼろしの目標は達成可能となるからである。

　残る二つの目標、すなわち、読む力と書く力のほうは、どうな

るであろうか。一般知識人の場合，英語で文章をつづるという場合は，あまり多くないと思われる。英語で論文を書くとか，英語で手紙を書くとか，商社ならコレポン（通信業務）の係りをするというようなことはあろうが，基礎的な作文能力が身についているなら，すでに触れるところがあったように，特に困ることはない。

　こういうふうにみてくると，最後に，しかも最も重要なものとして，読解力が残ることとなる。英語で書かれた文章を，正確に，過不足なく，読み解く力である。4技能の中では最も目立たない，地味な能力である。歴史的にみても，文化的にみても，もっと言うなら，コミュニケーションという角度からみても，最終的な決め手となるのは「正確な読解力」であると言ってよい。はじめにもどって「英語教育における最終到達目標は何か」と問われるなら，「正確な読解力」と答えないわけにはゆかないということになる。

　「正確な読解力」こそが他の3技能を支えている基盤なのである。逆に言えば，正確な読解力が欠けている場合，英作文能力も，話す力も，聴く力も，腰くだけとなるということである。「正確な読解力」というのは，ある文が与えられた場合，その文自体の責任として，どこまでの意味内容が保証され，どこから先は責任外であるかということを見極める力である。「行間を読む」と言ってもよいし，「裏の裏まで読み切る」と言ってもよい。

　具体的な例が少しあったほうがよいと思われるので，最も簡単な例を次の (1) 以下に挙げておくことにする。

　(1) a.　John tried to catch a fish in the pond, but he was

unable to find one.

（ジョンは池で魚を捕ろうした。が, 魚はみつからなかった）

b. John tried to catch a fish in the pond. He caught it and ate it for dinner.

（ジョンは池で魚を捕ろうとした。それをつかまえ, 夕食に食べた）

c. John tried to catch the fish in the pond. He caught it and ate it for dinner.

（ジョンは池にいた魚を捕ろうとした。それを捕まえて夕食に食べた）

この場合,（1a）の a fish は, 聞き手にはもちろん, 話し手にも「それ」といって指し示すことのできる対象をもっていない場合に用い, 代名詞で受ける場合には one を用いる。これに反し,（1b）は話し手が「それ」といって指し示すことができる場合に用い, それを受ける代名詞には it を用いる。（1c）の the fish は, その定冠詞で分かるように「話し手にはもちろん, 聞き手にもそれと分かる魚」を指す。

次の（2）はなんのへんてつもない数詞の用法である。

(2) John has three children.

（ジョンには子どもが 3 人いる）

この場合, もしジョンに 4 人の子どもがいたとしたら（2）の文を用いることは可能であろうか。不可である。4 人の子持ちには当然 3 人の子どもはいる。だから（2）は真である。が, この場合（2）を用いることはできない。「子どもが 3 人いる」という表

現は「4人以上ではない」という含意をもつからである。

次の (3) は，最もありふれた can の用法の一つである。

 (3) Can you open the window?
   （窓を開けてくれませんか）

この場合，can に「能力」の意味が含まれていることを否定することはできない。が，この文が文全体として能力の有無を尋ねているものではないことは，状況からみても明白である。能力を問われているのではない，ということから聞き手が考えて，すぐ至りつくのが「依頼」である。(3) はまさに依頼文として確立されている文である。したがって，聞き手の (3) に対する適切な応答は，Yes, I can. ではなく，Sure! などと言いながら，静かに窓を開けることである。

やや複雑な例を次の (4) に挙げる。

 (4) If I had started earlier, I should have been in time for the train.
   （もっと早く出発していたなら，あの列車に間に合っていたであろうに）

これは典型的な「過去の事実に反する仮定法大過去」の文である。if 節は「もっと早く出発すればよかったのに，それをしなかった」という過去の事実に反する仮定を表す。が，主節のほうは必ずしも過去の事実に反することを述べているとは限らない。あとに「幸運なことに列車が遅れたため，間に合うことになったのであった」というような文が続いても差し支えないのである。仮定法大過去は，過去の事実に反する仮定を表すと言われるが，過去

の事実に反する仮定が示されるのは条件節においてのみであって，主節のほうにその含みはない。

次の (5) は p. 75 (第8章) で一度取りあげた用例であるが，あいまいさを含む文である。

(5) a. John and Mary are married.
(ジョンとメアリーは夫婦である)

b. John and Mary are both married.
(ジョンとメアリーはともに既婚者である)

この場合，(5a) はもともとあいまいであり，「二人は夫婦である」という場合と「二人はともに既婚者である」という場合がある。が，優先する読みは「夫婦である」という読みのほうであろう。この優先する読みを，いわば，消す役をしているのが (5b) の both である。したがって，(5b) の文はあいまいではなく「ともに既婚者」のみを意味する。けれども，二人の既婚者がたまたま夫婦であるということは，現実の問題としてはありうる。したがって，(5b) のあとに In fact, they are husband and wife. (実のところ，彼らは夫婦なんです) と続けることは可能である。

次の (6) は，その主語を問題とするために選んだものである。

(6) a. It's raining. (雨だ)
b. There was a white mist over the city.
(町には白い霧がかかっていた)
c. It's getting dark. (あ，暗くなってきた)
d. How are you? (お元気?)

日本語では，文脈やことば遣いから，それと分かる主語は省くの

が通例である。英語では分かっていても（6d）におけるように，主語は省かない。（6c）の場合，日本語では主語は不明である。特にない，と言ってよい。（6a）の場合も同様である。「雨が降ってきた」と言うと，「雨」が主語であるように思われるが，これは正しくない。「雨」というものが空中にあって，それが降ってくるのではないからである。降ってくるのは「水滴」である。水滴がたくさん落ちてくるのを「雨」というので，「雨」が落ちてくるのではない。（6b）はいわゆる there 構文で，話の中に新しい題目を導入する場合に用いる。

　これらの場合，英語ではどの文も必ず主語を必要とする。なぜか。もし主語のない文があったら，なにか困ることがあるのか。ある。Yes-No 疑問文ができなくなるということである。付加疑問文もできなくなる。例外的に主語を必要としない文に命令文がある。そして，命令文から Yes-No 疑問文を作りだすことはできないのである。

　念のため，(6a-c) に対応する Yes-No 疑問文を，次の (7) に示す。

(7) a.　Is it raining?
　　b.　Was there a white mist over the city?
　　c.　Is it getting dark?

言うまでもなく，ひっくり返されている it, there が主語としての働きを果たしているのである。

　この小論は，題名の示すとおり，英語学習の臨界期という，やや，おどろおどろしいところのある現象について，一度は述べておくべきであると思っていた日ごろの見解を述べようとしたもの

である。主として頭にあった読者対象は大学院の学生である。要するに，大学院生の間に勉強しない日が続くようなら，学者への道は閉ざされるということである。

では，臨界期にはぐくまれ，育てられるのは，何かというと，それは「知性の働きにみられるある種の鋭さ」とでも言うべきものということになるであろう。それは日ごとに蓄積されてゆく知識の総量とはまったく別のものである。

ここで，ちょっと気になるのは，一般知識人と呼んでよい人々の場合である。大学院とも，臨界期とも，直接的な関係はないが，英語の勉強には興味がある，という人々の存在である。私自身，臨界期を過ぎて，もう60年経っている。その間，専門領域の勉強と並んで，英語自体の勉強も続いている。英語自体の勉強ということであれば，一般知識人と変わるところはない。が，新しい構文に出会うことは，まず，ない。興味を引くのは，発想の異なる言い回し，流行語的な単語とその意味などであろう。自分にとって，新しい英語表現に接する場合，そこに自分なりの新しい発見，もっと言えば，心のときめきと言ってもよい感情の動き，を感ずることができるなら，最高である。

近ごろはやりの「盗聴」は eaves dropping というが，語源的にみてゆくと，「軒先から雨だれが落ちている。そこに身をひそめて，家の中の話し声に聞き耳を立てている人」が浮かび上がってくると，「なんだ，アメリカ大統領府がやっていたのは忍者もどきということか」と，ときめく心が納得するがごときである。

索　引

1. 日本語は五十音順に並べ，英語で始まるものはアルファベット順で最後に一括してある。
2. ～は見出し語を代用する。
3. 数字はページ数字を示す。

［あ行］

あいさつことばの音調　6
合いの手表現　98, 179
あいまい性と不明確性　67
アクセント符号　110
アメリカ構造主義言語学　193
アルフレッド大王　121
イェスペルセン　88, 89
依頼文　15, 16, 202
インフォームド・コンセント　150, 156
迂言的表現　164
英語運用能力　175
英語教育　96, 167, 175, 176, 183, 185, 186, 197, 199, 200
英語づけ学習法　186, 187
英語のつづり字法改正（改良）　101-103
音声言語　167, 184, 185, 198, 199

［か行］

会話のおきて　91
会話のキャッチボール　179
科学の発達と名詞化の発達　153, 154
過去志向　7
過去と現在の交差　45
可算性の根本の意義　34
可算性の定義　35
可算名詞　30, 33-39, 90, 122, 124-126, 128
　　～の不可算名詞化　36, 38, 39
片仮名語　104, 149, 155, 156
　　～の抽象性　150
学校文法　166
仮定法大過去（における反事実のありかた）　202
関係代名詞の情報価値　84
緩衡表現　141
漢語表現　148, 150, 151, 155, 156

〜の抽象性　148, 150
間投詞　3
完了不定詞　64
　〜の中身　8
記憶負担量　82
疑似分裂文　73, 74, 154
記述の属格　86
逆行同化　114, 116
旧情報　54, 74, 84, 85, 90, 92, 180
強意複数　126, 127
強調構文　74
近接未来　137-139
近代英語　162, 166
近代科学の勃興　153
具体世界とのつながり　148-150
屈折語辞　12, 44, 108, 114
クラスター　168-171, 175-177, 181, 183
系統発生　154
ゲルマン系の語　103
現在進行形が近接未来を示すとき　137-139
現実との距離
　動詞　146
　　派生名詞　146
限定詞体系　34, 94
後位修飾要素と時制　83
行為動詞　50
後位の形容詞の意味　83
交感的言語使用　9
恒久的(な)特性　80, 81
交差した読み　69
構造上の同音異義　72

古英語　120, 165
語結合　169
語順と情報価値　54
個体発生　154
コミュニケーション能力重視　199
固有名詞化　132, 133
コロケーション　169
コンプライアンス　150, 151

[さ行]

先取り現象　114-116
サピア　191
シェイクスピア　120, 121, 192
思考動詞　51
時制の範囲　44, 45
実況中継を表す動詞形　50
従属疑問節　16
出現動詞　92
授与動詞　54
順行同化　114
準動詞　154
上位語　37
状態動詞　12, 13, 50-53
　〜の進行形　50-52
商標名化　132
情報(的)価値　54, 84
情報構造　85, 90, 91
省力的表現　180
書記言語　167, 184
新情報　54, 55, 84, 85, 90-92, 122, 179

睡眠学習法 186, 187
数詞の否定 157, 158
成員間の類似性 38, 126-128
生成文法 193
成節子音 111-113
　～の発音のしかた 112
　～の例外 113
接続詞の省略 89, 90
前位の形容詞の意味 79-81
善処 151
属格構文 144
存在承認 26, 27
存在文 27

[た行]

大学入試 185, 186
第三者的な見方 174
大母音推移 104
代名詞の指すもの 33
単音節語のアクセント表記 110
単語間の親疎関係 58
単純現在形の用法 49, 50
単純進行形と be going to 137-139
談話構造 95, 96
談話の交通整理 93, 95, 96
談話標識 93, 95-99, 175, 176
中英語 165
調音点 112, 115
直示 45
直線的な読みと，交差した読み 69

チョムスキー 102, 194
通訳 196, 197
つづり字 101-109, 117, 120
　音声との対応 104
　～改良 102, 103
　～の固定 103
　～発音 117
定義文 92
定代名詞の機能 33
定名詞句 92, 93
丁寧さの度合い 53
出来事への心的距離 138
同一認定の be 48
同音異義語 130
統語上のあいまい性 71
動作主 46, 59, 146
動作動詞 12, 13, 49
動詞と派生名詞の可逆性 147
動名詞 72, 74, 80, 144, 145, 154
特殊否定 158, 159-162, 164
特定的 32
特定的不定冠詞 34
読解力 193, 194, 200

[な行]

内包 159
内容語 54, 149, 151
中島文雄 192
二重否定 163-166
　～の意味 163
西脇順三郎 192
ニュートン 153

人間中心的な言語　77
ノルマン人の征服　107

[は行]

派生接辞　108
派生名詞　145-148, 155
パラダイムの変化　193
ハリデー　153, 169
反対名辞　157
非状態(的)動詞　50-53
非定形動詞　24
否定牽引　161, 162
被動者　46
非特定的　33
　～不定冠詞　34
表音的　104
付加疑問文　182, 204
不可算性の定義　35
不可算名詞　30, 35-39, 122, 124-126, 128
　～の可算名詞化　35-37, 126
不規則複数形　131
複数形の条件　38, 126, 128
福原麟太郎　192
不親切な英語　89-91, 93, 98
ブッキッシュ（bookish）な英語の奨励　123
不定冠詞
　～の特定的用法　32, 33, 90
　～の非特定的用法　33, 34, 90
　～の歴史　41
不定名詞句　92

文強勢　9, 47, 54, 74, 91, 117
文のトピック　92
文否定　158-163
分類辞　36, 37
分類的特性　81
分裂文　74, 75
　～の焦点　75
ペーター　192
変形規則　143
変則定形動詞　23-25
母音接続　42
ほかし表現　141, 164, 181

[ま行]

身内的な見方　174
未来志向　7
無声閉鎖音　110
無標
　～な形容詞　79
　不可算名詞の可算名詞化は～　36
名詞化　143, 145, 151, 153-156

[や行，ら行，わ行]

有標
　～な形容詞　79
　可算名詞の不可算名詞化は～　36
呼びかけ方（肩書きによる呼びかけができるとき，できないとき）　100

索　引

4技能　167, 184-186, 189, 197-200
臨界期　190-193, 204, 205
連音　113, 115
和語　155
和製英語　133
和文英訳　134, 186, 195

[英語]

A Happy New Year! の使い方　7
All right! の使い方　98
Anyway の使い方　97
As I was saying の使い方　99
barking dog の意味　80
be の用法
　成員認定　47
　同一認定　48
(God) Bless you! による応じ方　3
broken chair の意味　81
Can you ...? (疑問文と依頼文)　15
Chaucer, G.　194
Chomsky, N.　102, 194
compliance と「コンプライアンス」と「法令遵守」　150, 151
dancing teacher の意味　81
email　122
Exactly の使い方　98
Excuse me! の使い方　1-3, 100
Fine! の使い方　98
foot の複数形　130, 131, 133

front の発音　116, 117
go と come の使い分け　171-174
Good evening! の使い方　100
Good morning! の由来　7
Good morning! の間合い　5
Good night! の使い方　100
Good! の使い方　98
Good-by(e)! の音調　7
Good-by(e)! の由来　7
Great! の使い方　98
Have a nice day! への返し言葉　9
I am afraid not. の意味　163
I'll do my best. と「善処」　151
I love you. の使い方　9
I mean の使い方　100
I see! の使い方　98
I suppose not. の意味　163
in fact の使い方　100
In other words の使い方　99
(Oh,) It's my pleasure. の使い方　9
jumping jack の意味　81
Mickey Mouse の複数形　133
mimic と mimicking　108
mouse（小動物とコンピュータ付属品）の複数形　129-131
not uncommon の使い方　164
not ungrateful の意味　164
Now の使い方　50, 97
Okay! の使い方　98
old, older, oldest の意味　78
one (数詞) の歴史　41

Oops! の間合い　3
panic と panicking　108
Pater, W.　192, 194
picnic と picnicking　108
promise と「約束」　152, 153
Right! の使い方　96, 98, 100
running water の意味　80
Sleep tight. の使い方　10
sleeping baby の意味　80
Sleeping Beauty の意味　80
solid と solidity　154
Spenser, E.　192
spoken English の意味　81
Superman の複数形　132
Sweet dreams. の使い方　10
Thank you all the same. の使い方　8
Thank you anyway. の使い方　8
To put it another way の使い方 99

TOEIC　198
Ullmann, S.　194
visible star と star visible　83
Walkman の複数形　133
Well の使い方　97
wh 疑問文　14, 74
written English の意味　81
Yes-No 疑問文　13, 14, 23, 25-28, 204
　〜における主語の役割　23, 204
You are welcome. の間合い　3
(Oh,) You are welcome. と応じてはいけないとき　3
You know の使い方　99
You see? の使い方　99
(Oh,) You shouldn't have done that. の使い方　8, 135

安井　稔（やすい　みのる）

1921年，静岡県生まれ。1944年，東京文理科大学英語学英文学卒業。東京教育大学教授，東北大学教授，筑波大学教授，芦屋大学教授，静岡精華短期大学学長を歴任。現在，東北大学名誉教授，文学博士。
　主な著書：『英語学研究』(1960), Consonant Patterning in English (1962) [以上，研究社],『構造言語学の輪郭』(1963),『英語学の世界』(1974),『新しい聞き手の文法』(1978) [以上，大修館書店],『英文法総覧』(1982, 1996 <改訂版>),『英語学概論』(1987),『英語学史』(1988),『納得のゆく英文解釈』(1995),『英語学を考える』(2001),『仕事場の英語学』(2004),『英語学の見える風景』(2008),『「そうだったか」の言語学』(2010),『ことばで考える』(2013) [以上，開拓社]，など。ほかに，翻訳書，編著が多数ある。

英語とはどんな言語か
——より深く英語を知るために——　　　　　　　　　＜開拓社　言語・文化選書 43＞

2014年 3月28日　第1版第1刷発行

著作者　　安 井　　稔
発行者　　武 村 哲 司
印刷所　　日之出印刷株式会社

発行所　　株式会社　開 拓 社　　　〒113-0023　東京都文京区向丘 1-5-2
　　　　　　　　　　　　　　　　　電話　(03) 5842-8900（代表）
　　　　　　　　　　　　　　　　　振替　00160-8-39587
　　　　　　　　　　　　　　　　　http://www.kaitakusha.co.jp

Ⓒ 2014 Minoru Yasui　　　　　　　　　ISBN978-4-7589-2543-3　C1382

JCOPY　＜(社)出版者著作権管理機構　委託出版物＞
本書の無断複写は著作権法上での例外を除き禁じられています。複写される場合は，そのつど事前に，(社)出版者著作権管理機構（電話 03-3513-6969，FAX 03-3513-6979, e-mail: info@jcopy.or.jp）の許諾を得てください。